出版计划

【现代乡村社会治理系列】

# 乡村
# 基础设施
## 建设与管理实务

主　编　方航

副主编　丁朝阳　王飞飞　万晶晶

时代出版传媒股份有限公司
安徽科学技术出版社

**图书在版编目（CIP）数据**

乡村基础设施建设与管理实务 / 方航主编.--合肥：
安徽科学技术出版社,2023.12
助力乡村振兴出版计划.现代乡村社会治理系列
ISBN 978-7-5337-8624-3

Ⅰ.①乡… Ⅱ.①方… Ⅲ.①农村-基础设施建设-
研究-中国 Ⅳ.①F323

中国版本图书馆 CIP 数据核字(2022)第 222332 号

**乡村基础设施建设与管理实务**　　　　　　　　　　　　　主编　方　航

出 版 人：王筱文　选题策划：丁凌云　蒋贤骏　余登兵　责任编辑：张楚武
责任校对：张晓辉　责任印制：梁东兵　　　　　　　　装帧设计：武　迪
出版发行：安徽科学技术出版社　　　　http://www.ahstp.net
　　　　　（合肥市政务文化新区翡翠路 1118 号出版传媒广场,邮编:230071）
　　　　　电话：(0551)63533330
印　　　制：合肥华云印务有限责任公司　　　电话:(0551)63418899
（如发现印装质量问题,影响阅读,请与印刷厂商联系调换）

开本：720×1010　1/16　　　印张：7.75　　　字数：110 千
版次：2023 年 12 月第 1 版　　　印次：2023 年 12 月第 1 次印刷

ISBN 978-7-5337-8624-3　　　　　　　　　　　定价：30.00 元

# "助力乡村振兴出版计划"编委会

## 主 任
查结联

## 副主任
陈爱军　罗　平　卢仕仁　许光友
徐义流　夏　涛　马占文　吴文胜
董　磊

## 委 员
胡忠明　李泽福　马传喜　李　红
操海群　莫国富　郭志学　李升和
郑　可　张克文　朱寒冬　王圣东
刘　凯

### 【现代乡村社会治理系列】
[本系列主要由安徽农业大学、安徽省委党校(安徽行政学院)组织编写]

总主编: 马传喜
副总主编: 王华君　孙　超　张　超

# 出版说明

　　"助力乡村振兴出版计划"(以下简称"本计划")以习近平新时代中国特色社会主义思想为指导,是在全国脱贫攻坚目标任务完成并向全面推进乡村振兴转进的重要历史时刻,由中共安徽省委宣传部主持实施的一项重点出版项目。

　　本计划以服务乡村振兴事业为出版定位,围绕乡村产业振兴、人才振兴、文化振兴、生态振兴和组织振兴展开,由"现代种植业实用技术""现代养殖业实用技术""新型农民职业技能提升""现代农业科技与管理""现代乡村社会治理"五个子系列组成,主要内容涵盖特色养殖业和疾病防控技术、特色种植业及病虫害绿色防控技术、集体经济发展、休闲农业和乡村旅游融合发展、新型农业经营主体培育、农村环境生态化治理、农村基层党建等。选题组织力求满足乡村振兴实务需求,编写内容努力做到通俗易懂。

　　本计划的呈现形式是以图书为主的融媒体出版物。图书的主要读者对象是新型农民、县乡村基层干部、"三农"工作者。为扩大传播面、提高传播效率,与图书出版同步,配套制作了部分精品音视频,在每册图书封底放置二维码,供扫码使用,以适应广大农民朋友的移动阅读需求。

　　本计划的编写和出版,代表了当前农业科研成果转化和普及的新进展,凝聚了乡村社会治理研究者和实务者的集体智慧,在此谨向有关单位和个人致以衷心的感谢!

　　虽然我们始终秉持高水平策划、高质量编写的精品出版理念,但因水平所限仍会有诸多不足和错漏之处,敬请广大读者提出宝贵意见和建议,以便修订再版时改正。

# 本册编写说明

编写一部著作需要整个作者团队的呕心沥血,而这本书就是集体努力的结晶。感谢安徽省委宣传部支持了我们的课题研究,让我们能聚集在一起研究探讨乡村振兴背景下的农村基础设施建设。在写作过程中,来自国内外的同行专家和地方政府给予了我们很多帮助和建议,在这里,我想对大家表示衷心的感谢。

首先,感谢安徽农业大学新农村发展研究院对团队的充分信任和全力支持。他们帮我们协调各方,提供翔实的基础研究数据,以及大量的乡村振兴案例,给我们著作的编写提供了莫大的帮助。

其次,感谢我的博士生导师中国农业大学经济管理学院教授、中国农业大学国家乡村振兴研究院革命老区研究中心主任陈前恒教授及其团队提供的数据支持。陈老师及其团队给我们提供了大量一手调查数据,使我们分析农村基础设施建设和管理现状成为可能。同时,陈老师多次参与团队内部的研讨会,给本书提供了宝贵意见。

再次,感谢我的研究团队成员们一直以来努力地工作。丁朝阳、王飞飞和万晶晶三位老师全程参与课题设计、实地考察和书稿撰写工作。丁朝阳老师承担了农村基础设施建设的展望部分,王飞飞老师负责农村应急设施部分,万晶晶老师承担了生产生活基础设施部分。同时,孔梦娆、张科宇、陶庆华、董庆林、王爱群、肖寒等多位研究生也参与了部分章节的数据统计、案例分析和撰写工作。感谢大家夜以继日、无怨无悔的付出。同时,感谢团队成员各自的家人,在撰写这本著作的时候,他们默默地支持着我们的常态化加班和"无止境"的讨论。无论多晚都有一盏点亮的灯,桌上都有温暖的饭菜,让我们能专心钻研。

最后,本书撰写过程中参考了国内外学者的学术研究,在此表示感谢。

# 目　录

# 第一章　引　言

## 第一节　背景介绍

### 一　农村基础设施的概念界定

　　农村基础设施分为三类:生产生活基础设施、文化基础设施和应急基础设施。生产生活基础设施是指为了农村的农业生产和农村的正常生活所必备的外在基础物质条件。文化基础设施则是指用于提供公共文化服务的场地实施和设备。除此以外,应急基础设施也是乡村建设中必不可少的重要一环。应急基础设施是指为了应对地震等突发事件,配置应急保障基础设施、应急辅助设施及应急保障设备和物资,用于因灾害产生的避难人员生活保障、集中救援的避难场地及避难建筑。在乡村地区建设完备的应急基础设施,能够防范可能发生的自然灾害和危机,以做出及时有效的应对,充分保障农村居民的生活安全。

### 二　乡村振兴下的农村基础设施建设

　　乡村振兴是推动农村经济的动力源泉,更是促进中国经济发展的必然选择。农村基础设施建设涵盖范围广,与农村发展和农民生活息息相关,与发展农村经济具有直接联系。乡村振兴背景下全党把工作重心放

1

在农业农村中,全力推进农村基础设施建设,发挥出了先导性作用,对于提高农民生活水平和农业生产效率具有重要意义,也是做好三农三化工作的有效途径。乡村振兴背景下,充分探讨并且深入研究农村基础设施建设对于农村经济快速发展、提高农民精神物质生活水平、实现农业现代化具有至关重要的作用。2017年12月召开的中央农村工作会议明确提出:实施乡村振兴战略,必须把公共基础设施建设的重点放在农村,推动农村基础设施建设提档升级。近年来中央一号文件也多次指明农村基础设施建设在农业生产中的重要性,强调各级政府和企业要加强农村基础设施建设,推进乡村高质量发展。

由此可见,农村基础设施建设在乡村振兴战略中起着基础性的作用,具有极强的现实意义。加强农村基础设施建设是新时代背景下实现人民美好幸福生活的必由之路,把农村基础设施建设放在乡村工作的重点位置更是大势所趋。具体来看,农村基础设施建设是国家战略所需、农村发展所需和农民生活所需。从国家战略角度看,农村基础设施建设是实现农业农村现代化的重要途径,是实现乡村振兴战略的重大举措,也是促进城乡融合发展的必由之路;从农村发展角度来说,农村基础设施建设对于推动乡村产业发展、弘扬乡村本土文化和实现农村绿色发展都有重要作用;从农民生活角度来看,农村基础设施建设有助于保就业促增收实现美好生活。

归根结底,做好农村基础设施建设工作可以直接提高农民的生产生活质量,因此我们应当乘着新时代的东风砥砺前行,在乡村振兴战略的助推之下,不断推行效果更明显的举措,打造出更具针对性的项目设施,解决人民群众的急难愁盼问题,提高人民群众的生活质量。

## 第二节　农村基础设施建设的重要性

### 一　强化农村基础设施建设是国家战略所需

#### 1.农村基础设施建设是实现农村农业现代化的重要途径

　　农业农村现代化是国家现代化的重要基石,是全面建设社会主义现代化国家的重要举措。党的十九届五中全会提出到2035年基本实现农业现代化的目标任务,这对解决中国横亘已久的"三农"问题具有划时代的里程碑意义。"十三五"以来,我国农业农村现代化建设已经取得了显著成就,但基础设施短板问题仍然存在,尤其是欠发达地区。随着农业转型升级的不断深入,农业生产基础设施建设的滞后不能满足现代农业的快速发展需要,无法构建完备的支撑体系以提高农业生产效率。因此要实现农业现代化,实现从传统农业向现代农业、农业大国向农业强国的跨越,就要做好乡村基础设施建设。

#### 2.农村基础设施建设是实现乡村振兴战略的重要举措

　　实施乡村振兴战略是统筹推进"五位一体"总体布局、协调推进"四个全面"战略布局的必然选择。中央明确提出始终要把解决"三农"问题作为全党工作的重中之重,实施乡村振兴战略,贯彻落实"产业兴旺、生态宜居、乡风文明、治理有效、生活富裕"的二十字总要求。多部国家级重要规划也将加强农村基础设施建设作为重要战略任务,为助力乡村振兴提供坚实基础。在全面推进乡村振兴战略过程中,无论是从水、电、气等多方面推进农业专业化和社会化生产,还是做好以城带乡的战略措施,都有赖于完善的乡村基础设施建设。不断巩固强化乡村基础设施建

设,势必有助于推进乡村振兴战略。

### 3.发展乡村基础设施建设是促进城乡融合发展的必由之路

由于二元结构的存在,城乡发展不平衡、农村社会发展不充分是社会主义矛盾的集中体现。城市和乡村在居民收入和社会文化事业发展等方面存在巨大差异,严重阻碍了我国共同富裕的发展进程。而城乡协同发展是解决中国社会矛盾的关键所在。要缩小城乡差距,实现城乡真正的融合,就要从核心上提升农村的基础设施建设和公共服务水平,进一步健全城乡融合机制,促进乡村振兴的实施。只有全面推进乡村基础设施建设,提高农村信息化程度,才能更好地发挥城市的辐射带动作用,促使城乡融合发展。

## (二) 强化乡村基础设施建设是农村发展所需

### 1.乡村基础设施建设是推动乡村产业发展的重要抓手

农业是国民经济的基础,激活农村涉农产业,是现代经济体系的基础性力量,是经济发展高质量的需要。从长期看,中国经济发展最有潜力的地方在农村,通过乡村基础设施建设的发展为农村产业注入活力,可聚集生产要素,振兴乡村产业,活跃乡村市场,实现乡村产业链增值收益。全面推进农村产业发展进步,构建有效的经济基础,做好农村基础设施建设是重要目标。在实践中,部分经济发达地区先行先试,通过加强数字乡村建设因地制宜地发展了一批乡村产业新业态,这对于繁荣乡村产业具有积极促进和引领作用。

### 2.乡村基础设施建设是弘扬乡村传统文化的必然选择

中华传统文化孕育于农耕文明中,乡土社会始终是中华民族文化的根基与沃土。然而随着城镇化进程的快速推进,农村人口的快速流失让传统文化失去了传播主体,传统戏曲、手工艺等文化载体面临后继无人的境地。习近平总书记强调,提高国家文化软实力,关系到"两个一百年"奋斗目标和中华民族伟大复兴中国梦的实现。提高文化软实力需要保护乡村传统文化,并弘扬乡土社会优秀传统文化。加强乡村文化基础设施建设一方面能保护珍贵的文化遗产,另一方面也为文化传统提供物质基础。实践上,部分地区本土特色文化与乡村基础设施建设有效衔接起来,打造了最具本地文化底蕴和风格的文化产业项目,弘扬了乡村本土文化,实现了产业振兴与文化振兴的良性互动。

### 3.乡村基础设施建设是实现农村绿色发展的重要保障

绿水青山就是金山银山,良好的生态是农村的最大优势和宝贵财富。实现乡村绿色发展既是生态振兴的本质要求,也是推动产业、文化振兴的客观需求。相关研究发现,完备的基础设施建设是农村实现绿色发展的基础条件。通过绿色生产技术示范推广、生活垃圾处理、雨污分离等工程能解决农村生产生活污染问题,推动农村生态环境治理。在保证生态环境良好的前提下发展,吸引二、三产业下沉,实现"三产"的有效衔接,实现农村绿色发展。

## (三) 强化乡村基础设施建设是农民生活所需

### 1.乡村基础设施建设是保证农民就业增收的着力点

乡村产业发展依赖完备的基础设施。通过搭建便捷的交通网,疏通物流通道,构建水利设施系统,将先进农业技术广泛应用于农业生产中,提高农业生产效率,从而促进农村居民农业经营收入的潜力提升。依托完备的基础设施吸引优质经营主体以盘活乡村资源,发展农产品加工、乡村旅游等产业,促进一、二、三产业融合发展,最终达到吸纳农村劳动力、提高农村居民工资性收入的目的。

**2.乡村基础设施建设是实现农民美好生活的推动力**

满足农村居民对美好生活的向往是"三农"工作的目标。通过脱贫攻坚期间的不懈努力,农村居民"两不愁三保障"已全面实现。随着社会经济的发展,美好生活不仅限于物质基础,还包含精神追求、社会保障等。一方面,要通过加强基础设施建设推动乡村产业发展,吸纳更多劳动力就近就地就业,避免"平时外出,春节返乡"的"候鸟式"迁移及其带来的空巢老人和留守儿童等社会问题,实现"家门口就能挣钱,顾家挣钱两不误";另一方面,要加强生产生活基础设施和文化基础设施建设,保证农村居民享受与城市居民相当的教育、医疗服务,丰富文化生活,进一步提升农村居民的幸福感、安全感和获得感。

## ▶ 第三节 研究内容与资料说明

鉴于乡村基础设施建设的重要性,本书旨在乡村振兴背景下,从生产生活基础设施、文化基础设施和应急设施三个方面,采取定性和定量研究相结合的方法分析农村基础设施建设的现状,剖析其存在的不足,并提出加强农村基础设施建设的有针对性的策略、建议。

研究过程中使用了大量一手调查资料和相关二手资料。一手微观数据和典型案例来源于笔者所在团队的实地考察。2010至2021年,团队对我国28个省的700多个村庄进行了实地考察,通过问卷调查和村干部访谈的方式收集了基础设施建设和管理的相关信息。这些宝贵数据让本书呈现近年来农村基础建设取得的成绩成为可能。下文如若未做特殊说明,研究数据均来自团队调查。二手资料多来源于历年的《中国统计年鉴》、相关省统计年鉴、《中国教育年鉴统计》,以及各部门发布的政策文件。

# 第二章 生产生活基础设施的建设与管理

## ▶ 第一节 生产生活基础设施的分类

农村基础设施可以分为生产基础设施和生活基础设施。其中,生产基础设施是指在农业生产过程中,为了提升农村的产业发展水平和提高农业的生产效率所必需的外在物质资产条件,这些物质资产条件是农村居民赖以生存的一般物质条件,生产基础设施的数量、质量的外在表现形式也是我国乡村振兴的重要体现。而生活基础设施是为农村农民生活服务的物质条件,是农村居民生活的精神思想进步的体现。农村生活基础设施对提高农民的思想文化水平具有重要的意义,并且也从侧面促进农村产业的发展。如果说农村生产基础设施是农业生产的必备条件,那么农村生活基础设施则是农村乃至整个社会发展的先行条件,对促进三农的发展以及实现乡村振兴具有重要意义。

农村生产基础设施对农业生产和流通有着十分重要的影响,农业基础设施的建设日益受到人们的重视。农村生产基础设施大致分为以下三类:第一种农业生产基础设施是在农业生产过程中所需要的有形物质条件,如公共水利设施、贮藏、道路等。第二种农业生产基础设施是农业生产过程中所使用的包括技术、社会条件和制度因素的总和,如农业教育培训机构、农业技术推广机构等。第三种农业生产基础设施是指与农

业生产活动密切相关的各种设施,主要是提高农业生产经营能力的基本设施。依据以上内容可以看出,农业生产基础设施是农业生产力的主要组成部分,对农业生产的发展与变革有着重要的作用。

农村生活基础设施建设是发展农村经济和改善村民生活的必备条件,也是协调城乡发展的关键所在。已有的研究存在以下几种观点:第一种观点认为农村生活基础设施建设内容包括为村民生活提供便利的水、电、公共交通、卫生设施与良好的乡村居住环境等。第二种观点认为农村生活基础设施是与村民息息相关的网络基础设施。第三种观点认为农村生活基础设施是与农户家庭生活消费息息相关的非生产性公共物品。基于以上观点,本文将农村生活性基础设施界定为:为农村居民生活提供便利因素、促进生活质量提高和改善居住环境的农村公共设施。这些设施是维持村民基本生活的基础,是改善和提高村民生活状况的重要前提,也是实现美丽宜居农村的物质基础。

## 一 生产基础设施分类

2018年,中央一号文件明确提出实施乡村振兴的三个阶段性目标任务,并对农业生产基础设施的范围有了明确划分:即农田水利建设、高标准农田建设、农业机械设备和生态基础建设。根据生产基础设施是否为物质设施,我们又可以将生产基础设施分为农业物质基础设施和农业社会基础设施。农业物质基础设施是指在农业生产过程中所必需的一些物质条件,是保证农业生产所需要的社会条件。

## 二 生活基础设施分类

农村基础设施的分类如图2-1所示,本文将农村基础设施分为供水配套设施、安全消防设施以及公共服务设施。其中,供水配套设施又分为集中型和分散型供水设施,供水设施是农村居民居住所必需的外在物质基础条件,和农村居民的生活健康密不可分。安全消防设施又分为防震设施、防洪设施以及消防设施,安全消防设施是农村居民居住环境安全的重要保障设施。公共服务设施又分为养老医疗设施、教育设施、文化设施等方面,公共服务设施是农村居民在生活过程中必需的条件,与农村居民的生活质量息息相关。

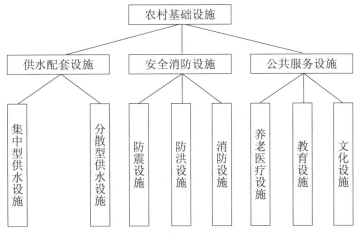

图2-1 农村基础设施分类

## 第二节 生产生活基础设施建设与管理的现状

### 一 生产基础设施的建设与管理现状

生产基础设施是物质生产的主要条件,生产基础设施的建设和管理对于农业生产是否稳定有着重要的作用。

水利作为农业生产基础设施的重要组成部分,得到了我国政府的高

度关注。十八大以来,以习近平同志为核心的党中央更加注重农业基础设施的建设,提出要加强农业农村基础设施建设,完善农田水利设施,加强高标准农田建设,稳步推进建设"四好农村路",完善农村交通运输体系,加快城乡冷链物流设施建设,实施规模化供水工程,加强农村污水和垃圾收集处理设施建设,以基础设施现代化促进农业农村现代化。水利是现代化农业建设不可或缺的首要条件,是经济社会发展不可代替的基础支撑,具有很强的公益性、基础性、战略性。加快水利改革发展,不仅事关农业发展,而且事关经济社会发展全局;不仅关系到粮食安全、而且关系到经济安全、国家安全。

土地是民生之本,保护耕地是一项基本国策。加强基本农田建设是推动中国农业发展的基本保障。保护基本农田是耕地保护中的重中之重,作为"一条不可逾越的红线",基本农田直接关系国家粮食安全,人民生活,尤其是广大人民的切身利益。在中国人口持续增长,经济建设不可避免要占用部分耕地,粮食生产不容乐观的形势下,保护耕地特别是基本农田尤为重要。保护好基本农田有利于促进农业发展、农民增收、农村稳定。改革开放以来,中国不断加快高产稳产基本农田数量。通过加大投入力度,建立稳固的商品粮基地、有计划地推进中低产田改造、扩大土壤有机质、提升补贴范围等措施以提高高标准农田比重。并且,中国还推进"沃土工程"以扩大测土配方施肥实施范围。开展鼓励农民增施有机肥、种植绿肥、秸秆还田奖补试点。大力开展保护性耕作,加快实施旱作农业示范工程。这些措施使得农田质量不断提高,农田产量不断增加。

道路基础设施是与三农有直接关系的基础设施之一。"要想富,先修路"等广为人知的谚语足以体现出道路建设对农村经济发展的重要性,农村的道路建设决定了各个村庄之间的物资和商品的流通交换程度,也为村民带来了方便快捷的生活。同时农村的道路建设也是脱贫攻坚和乡村振兴的重要突破口。

农业机械是农业与工业相辅相成的结果,农业机械是机械强农的结果,也是工业反哺农业的必经之路。这些机械不仅可以减轻农民繁重的农务负担,提高生产效率,也能给农民更多的时间开展第三产业,促进第一、第二、第三产业共同发展。

本文从农田水利、基本农田、道路以及农机几方面出发,探究目前生产基础设施的建设与管理现状。

### 1. 农村水利基础设施建设与管理现状

（1）农村水利基础设施建设现状

改革开放以来,我国开展了大规模的水利灌溉设施建设,如图2-2所示,全国农田有效灌溉面积由2012年的30 087千公顷增加到2020年的33 638千公顷,绝对数量上增加了3 551千公顷,增长率为11.80%。其中3.3万公顷以上的灌区有效灌溉面积增长较多,增长率为97.73%。2.0万~3.3万公顷灌区有效灌溉面积也略有增长,增长率为9.19%。

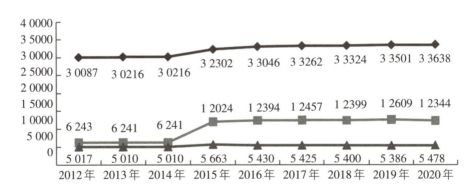

图2-2　中国2012—2020年农田灌区有效灌溉面积

（注:数据来源于《2020中国统计年鉴》）

国家对农田水利基础设施建设高度重视,从图2-3我们可以看出,国家对于农林水事务支出逐年上涨,仅2021年略有下降。2021年国家财政农林水事务支出达到22 146.19亿元,当年国家总财政支出为246 322亿元,农林水事务支出占当年国家总财政支出的8.99%。2012年国家财政用于农林水事务支出占当年国家总财政支出的9.5%。虽然我国经济增速不断加快,对于农村的水利设施建设也不断加快,农村水利工程数量也不断增多,但是近几年来,农村水利设施轻视维护的现象逐渐显现。由图2-3可以看出,国家在2021年对于农林水利设施的事务支出金额有所下降。农林水事务有一定的使用年限和周期。2012年至2020年,水利投入并建成了大规模的水库后,2021年我国对于水利的投入骤然下降,在一定程度上可以表明政府对于水利设施的建设缺乏维护资金的投入。无论经济如何增长,我国始终把农林水事务的支出保持在9%左右,固定的财政支出是我国农田水利不断发展更新的重要保障。我国现阶段正处于乡村振兴的重要阶段,农田水利作为农业基础设施建设的重要方面,我们决不能松懈,持续重视水利的发展以及存在问题才能更好地发展农业,将饭碗牢牢把控在自己手中。

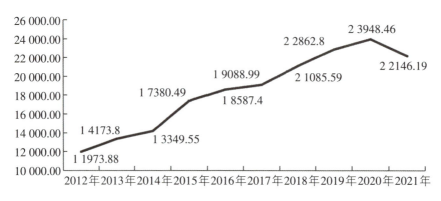

图2-3　2012—2021年国家财政农林水事务支出
(注:数据来源于《2020中国统计年鉴》)

安徽省是农业大省,也是人口大省。全省水系较多,河网密布,长期以来淮河、长江洪涝灾害,丘陵地区的频繁旱灾成为安徽省农业发展的障碍,这导致了安徽省农村的防洪及水利设施的建设任务艰巨。安徽省自2012年开始实施美好乡村建设的政策,水利设施不断完善。如图2-4所示,安徽省农田有效灌溉面积从2012年的3 585.09千公顷增加到2020年的4 608.83千公顷,绝对数量增加了1 023.74千公顷,增长率达到28.56%。自来水的覆盖率,河北以及湖南较好,而安徽有些地区未达到100%。安徽省石台县的主要饮用水来源还是泉水以及井水,总体发展相对落后。农村基础设施投入的多少在很大程度上取决于当地的发展实力的强弱,因此城市或区域经济发展不平衡的问题也会直接导致农村基础设施建设发展不平衡的问题。

图2-4　2012—2020年安徽省农田有效灌溉面积
(注:数据来源于《2020中国统计年鉴》)

安徽省地方财政支出中,农林水事务支出总额每年在持续增长。如图2-5所示,2017年安徽省地方财政一般预算支出为6 203.81亿元,其中地方财政农林水事务支出为681.91亿元,占比为10.99%。2020年安徽省地方财政一般预算支出为7 473.59亿元,其中地方财政农林水事务支出

为924.29亿元,占比为12.37%。可见不论是绝对数量还是在财政支出的占比上,安徽省对于农业水利基础设施的建设都是较为重视的。

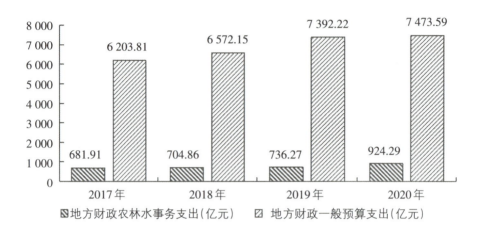

图2-5 2017—2020年安徽省地方财政支出以及农林水事务支出
(注:数据来源于《2020中国统计年鉴》)

(2)农村水利基础设施管理现状

截至2020年,全国水利系统内外各类县级以上独立核算的法人单位22 050个,从业人员89.9万人。其中,机关单位2 654个,从业人员12.4万人;事业单位15 205个,从业人员48.3万人;企业3 530个,从业人员28.8万人;社团以及其他组织661个,从业人员0.4万人。结合实地调查的79个乡村,需要新建或改造水利设施的行政村646个,预计需要230 216万元。

2021年,安徽省水利厅编制《安徽省水利发展"十四五"规划》,经省政府同意印发实施,谋划项目2 388个,投资2 845亿元。报请省政府成立省重点水利工程工作组,印发《安徽省重点水利工程建设推进意见》,年度批复项目投资340亿元,截至11月底国家下达安徽省水利投资计划232.14亿元,对安徽省农业水利基础设施有着不可估量的影响。

### 2.农村普通农田设施建设与管理现状

（1）农村普通农田设施建设现状

根据2020年乡镇基本情况调查表中的415个乡村的信息来看，415乡村中全村耕地面积（包括水田和旱田）共1 608 063.24亩，其中高标准农田522 403.83亩，闲置耕地52 137.8亩，其占比情况如图2-6所示。从图中我们可以看出，普通农田占比64%，高标准农田占比33%，闲置耕地占比3%。高标准农田占到1/3可以看出我国对于农田基础设施建设的重视，但是闲置耕地仍占有一定比例，要继续加强高标准农田基础设施的建设，提升农村居民生产生活水平。

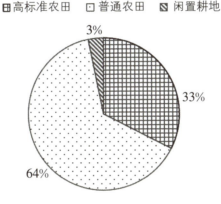

图2-6　各乡镇耕地总占比

（2）农村普通农田设施管理现状

在耕地数量质量上，我国耕地分布不合理，耕地质量也不高，生产水平和效率较低，普通耕地主要靠以家庭为单位的小农户进行耕作，目前我国小农户数量约为2.03亿户，占各类农业经营户总数的98.1%。较为分散的小农户耕作使得普通耕地的规模化管理程度较低，地形复杂的耕地区域管理难度也较大。2020年，我国家庭承包经营的耕地面积为156 166.24万亩，比上年增长1.0%；家庭承包经营的农户数为22 040.98万户，比上年增加0.2%，耕地出租或流转的面积比上年增加了6.5%。农民

兴办的各类专业合作社19.25万个,较2019年增加了1.26万个,同比增长7.03%。其中,有效运营的合作社达55%,同比增长33%;参加农产品销售的合作社比例从此前的10%提升到20.5%。

### 3.农村道路基础设施建设与管理现状

(1)农村道路基础设施建设现状

我国经济呈现城乡发展二元结构。近年来,为实现均衡发展,我国制定和实施了许多发展战略和政策,大力发展关系到国计民生的基础设施建设,而农村道路基础设施建设又是其中的关键。道路基础设施可以看作社会联系和快速发展的物质保障,通过直接与间接的作用,为经济活动提供便利性条件,并起到一定的支柱作用。在乡镇基础设施与公共服务调查表中可发现,截至2020年413个乡村中有362个乡村距离最近的主干道公路小于或等于5千米,有47个乡村距离最近的主干道公路大于5千米小于20千米,有4个乡村距离最近的主干道公路大于或者等于20千米,具体的占比情况如图2-7所示。从中我们可以看出,有88%的乡村距离主干道公路都小于或者等于5千米,有11%的乡村距离主干道公路在5千米至20千米,仅有1%的乡村距离主干道公路大于或者等于20千米。由此可以看出,绝大多数乡村的道路基础设施建设良好,但部分

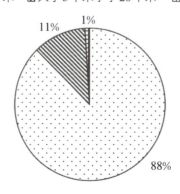

□小于等于5千米　▨大于5千米小于20千米　⊞大于或等于20千米

图2-7　距离最近的主干道千米数的占比情况

乡村的道路基础设施仍有欠缺。

(2)农村道路基础设施管理现状

如表2-1所示,截至2020年,80个乡镇中共有5 765名乡村定编,2 677名公务员定编,3 119名事业定编,7 024名乡镇工作人员,2 448名公务员编制,2 850名事业编制,1 690名其他乡镇管理者,乡镇总收入达到1 196 873.514万元。平均每个乡镇都配备了319.66名乡镇管理者,农村道路有了长足发展,这是大量乡镇管理者努力的成果。80个乡镇目前需要新建生产公路10 464.866千米,需要提升改造生产公路5 976.3千米,预计需要投资341 518.3万元。

表2-1　全国80个乡镇道路基础设施管理基本信息统计表

| 乡镇个数 | 乡村定编平均数量 | 公务员定编平均数量 | 事业定编平均数量 | 乡镇工作人员平均数量 | 公务员编制平均数量 | 事业编制平均数量 | 其他管理者平均数量 | 乡镇总收入(万元) | 需要新建生产公路(千米) | 需要提升改造生产路(千米) | 需要投资(万元) |
|---|---|---|---|---|---|---|---|---|---|---|---|
| 80 | 72.06 | 33.46 | 38.99 | 87.80 | 30.60 | 35.63 | 21.13 | 1196873.5 | 10464.9 | 5976.3 | 341518.3 |

**4.农业机械基础设施建设与管理现状**

(1)农业机械基础设施建设现状

改革开放以来,随着国家对农业机械设备的日益重视,我国的农业机械化得到了一定的进步,农业机械的物质装备条件得到了改进,农业机械体系也逐步完善和成熟,实现了初步的农业现代化,但是和发达国家相比,我国的农业机械设施还存在一定的差距。截至2019年,全国农业机械总动力达到10.28亿千瓦,农作物耕种收机械化率超过70%,畜牧养殖和水产养殖机械化率分别达到34%和30%。农业机械设施是农业现代化的重要物质条件,机械设施的建设不仅能够减轻农民的农活负荷,也能够带动工业的发展。

安徽省是农业大省,也是农机大省,安徽省通过农业机械购置补贴以及农业机械发展规划等政策正在逐步提高全省的农村机械设施水平,但是高档的机械仍然需要不断被投入市场。以2020年数据为例,安徽省的农作物总播种面积为8 817.99千公顷,占全国农作物总播种面积的5.26%;安徽省农业机械总动力为6 799.5万千瓦,占全国农业机械总动力的6.44%。截至2020年底,安徽主要农业机械拥有量为26万多台,小型拖拉机数量为200多万台,安徽省的机械化水平略高于全国平均水平,主要拥有的机械为小型农机,还需要不断增加设备,特别是补充大型农机。

（2）农业机械基础设施管理现状

我国农业机械已经建立了一个完整的开发、生产体系和比较完善的推广体系。"十五"期间,《中华人民共和国农业机械化促进法》颁布实施,确立了农业机械化在农业、农村经济发展中的地位和作用,明确了各级政府扶持发展农业机械化的政策措施。截至2018年,全国主要农作物耕种收综合机械化率超过67%,其中主要粮食作物耕种收综合机械化率超过80%。现代农业全要素生产力不断提高,农业生产方式正在发生深刻变革。农业机械化不仅使大量的农民从高强度劳动中解放出来,而且降低了农业生产的人工成本,对促进农业现代化发展有着重要作用。

## 二 生活基础设施的建设与管理现状

随着中国乡镇的不断发展,农村人口的生活越来越好,农村生活基础设施的建设与管理也逐渐健全和完善,这些设施主要包括乡村养老社保、乡村医疗、乡村教育、乡村文化等方面。

### 1.乡村养老社保基础设施建设与管理现状

（1）乡村养老社保基础设施建设现状

老年人口问题是近年我国关注的焦点问题。第七次人口普查数据显示:2020年中国60岁及以上人口占总人口18.70%,65岁及以上人口已达13.50%。预计到2050年我国老年人口数量将会达到顶峰。随着我国社会经济水平的不断提高,我国城镇也愈发向工业化形态发展,导致我国农村大量的劳动力陆续转移到城镇当中,加上农村人口老龄化的不断加深以及农村老人传统的养老思想,使农村家庭供养老人的功能面临挑战。原本的农村养老社保制度与当前社会的经济发展已经无法达到相互匹配的程度,因此,被视为保障"三农"发展的重要手段的农村养老社保制度,也要承担起在人口老龄化背景下稳定农村社会和谐发展的责任。农村养老社保制度的建立和发展情况直接影响到农村居民生活水平以及基本生活状况,要想改善当前农村老年人的生活质量,就要完善现存的农村养老社保制度。不断完善农村养老社保制度不仅可以缩小城乡之间的待遇差距,促进社会稳定发展,同时可减少人口老龄化所带来的问题。根据调查的421个乡村的数据来看,居民基本养老保险(原新农保)的平均参保率为96.44%,绝大部分农村居民都是参与保险的,但仍有少部分居民没有参与养老保险,其中仍有39个乡村参保率低于或等于60%,乡村养老社保问题依然存在。此外,乡村居民的最低养老金发放标准为平均一个月172.96元,远远高于中央确定的基础养老金标准,可见各乡镇十分重视养老医疗社保的基础设施建设。我们还实地调查了各乡镇距离最近的养老院、敬老院的千米数,各乡镇距离最近的养老院、敬老院的千米数如图2-8所示。

从中我们可以看出,有29%的乡村距离最近的养老院、敬老院小于等于3千米。有52%的乡村距离最近的养老院、敬老院大于3千米小于20千米。有19%的乡村距离最近的养老院、敬老院大于或者等于20千米。有超过50%的乡村距离养老院、敬老院还是比较远的。由调查也可以看出,农村的养老设施存在建设不充分以及养老人才缺失的情况,农村养

田 小于或等于3千米  □ 大于3千米小于20千米  ▨ 大于等于20千米

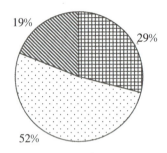

图 2-8  各乡镇距离最近的养老院、敬老院的千米数统计

老人才的缺失正是农村养老服务提升的瓶颈之一。养老社保一直是关于民生的大问题,百姓关心,国家重视。由于我国前期的政策,城镇的养老社保一直优先发展,导致乡村社保一直处于停滞不前的状态。近些年来,我国重视乡村振兴,关心农民生活,养老社保基础设施建设是关于农村居民的大问题,一定要重视起来,加快乡村养老社保基础设施建设,早日为乡村居民幸福安享晚年提供更加便利的条件。

(2)乡村养老社保基础设施管理现状

截至2020年,在乡镇基础设施与公共服务调查问卷中,421个村庄,只有45个村庄有养老院或敬老院。这也反映了我国乡镇的发展极度不平衡,我们要大力加强乡镇养老社保的横向发展,争取每个村里都可以拥有一个养老院或者敬老院,保障农村老人特别是留守老人的生活质量。其中老人在养老院、敬老院集中养老的比例仅有4.86%,这个数量相对于整体数量还是比较少的,我们应该探究其更深层次的原因,了解老人特别是留守老人不愿意去养老院、敬老院集中养老的原因,才能更好地建设基础设施,为乡村老人提供更好的生活。

### 2. 乡村医疗基础设施建设与管理现状

(1)乡村医疗基础设施建设现状

我国重视发展农村医疗事业,成功解决了基本医疗问题,并在近几十年内取得了较快发展,为农村的发展和社会的稳定做出了贡献。但因农村医疗卫生领域长期存在短板,城乡间与地区间还存在差距,农村的医疗卫生服务供需矛盾依然存在。《中共中央国务院关于实施乡村振兴战略的意见》中明确提出,要把农业农村优先发展原则体现到各个方面,推进健康乡村建设。截至2021年,根据第七次全国人口普查主要数据,全国有36.11%的人口在农村。医疗基础设施的建设与农民生活息息相关,切实关系到农民的利益,如何做好农村医疗基础设施建设是新中国成立以来一直重点关心的问题。根据所收集到的全国415个乡镇的卫生室数量情况,其中有18个乡镇没有卫生室,占比4%;有340个乡镇有一个卫生室,占比82%;有57个乡镇有多个卫生室,占比14%。具体的占比情况如图2-9所示。

从图中我们可知,大多数乡镇至少有一个卫生室,保证了农民有病有地医、及时治病的问题。但是仍有小部分乡镇没有卫生室,一方面是村卫生室的医生待遇没有得到妥善保障,部分医生选择去城市发展以谋求更高的收入。另一方面,乡村医生也应该与时俱进,增强自身知识储备以及提升医疗技术,为农村医疗的发展添砖加瓦。

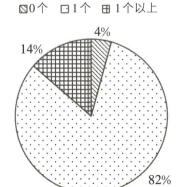

图2-9 乡镇卫生室数量占比情况

(2)乡村医疗基础设施管理现状

2022年,根据最新的统计数据,安徽省在农村卫生建设及改革方面取得了较快发展,为农村的经济发展、社会稳定做出了贡献。农村医疗卫生设施与农民的生活密切相关,切实关系到农民的身心健康、农户的家庭幸福。针对安徽省农村人口较多的基本情况,要求有满足农民基本需求的医疗卫生设施相适应。如表2-2所示,安徽省农村乡镇卫生院2016年为1 371个,农村乡镇卫生院病床使用率为60.6%。2020年农村乡镇卫生院为1 356个,农村乡镇卫生院病床使用率为35.3%。在2016—2020年这五年间,乡镇卫生院数和农村乡镇卫生院病床使用率有增有减,农村乡镇卫生院病床使用率最低为2020年36.3%,最高为2017年61.2%。从数量上看,农村乡镇卫生院病床使用率呈现下降趋势,农村居民看病难的问题仍然存在,我们要加强农村乡镇卫生院的基础设施建设,提高农村居民健康水平生活,才能更好地解决安徽省农民看病的问题。

表2-2　安徽省乡镇卫生院基本情况

| 年份 | 乡镇卫生院数(个) | 农村乡镇卫生院病床使用率/% |
| --- | --- | --- |
| 2016年 | 1 371 | 60.6 |
| 2017年 | 1 367 | 61.2 |
| 2018年 | 1 365 | 55.9 |
| 2019年 | 1 380 | 47.9 |
| 2020年 | 1 356 | 35.3 |

数据来源:《2020安徽统计年鉴》。

如图2-10所示,2016—2020这五年间,安徽省村卫生室由2016年的15 276个增加至15 710个,在绝对值上增加了434个,虽然乡镇卫生院的数量有所下降,但村卫生室的数量在总体上增加不少,从侧面显示农民的医疗问题有所缓解。

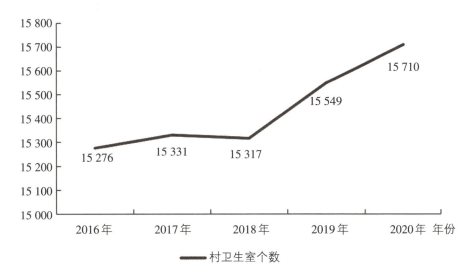

图2-10　2016—2020年安徽省村卫生室个数

在医生层面,如表2-3所示,调研数据中,全国412个乡镇中共有965名医生,其中803名有行医资格证书,占比为83.2%。平均每个乡镇都保证有两个医生。

表2-3　全国412个乡镇医疗基础设施管理基本信息统计表

| 乡镇个数 | 医生人数/人 | 有行医资格证书的医生人数/人 | 行医资格占比 |
| --- | --- | --- | --- |
| 412 | 965 | 803 | 83.2% |

截至2020年,安徽省乡村医生和卫生员共有30 866名,其中公立乡村医生和卫生员26 700名,私立乡村医生和卫生员4 166名。村卫生院人员数为45 245名,其中卫生技术人员14 468名,卫生技术人员占比为31.98%。卫生技术人员占比较少,农村医师也不完全具备医师资格证,因此可见农村医疗还需进一步提高医疗卫生服务人才的质量,为农村居民的健康保障建设高质量的防护线。

### 3.乡村教育基础设施建设与管理现状

（1）乡村教育基础设施建设现状

党的十八大以来，党领导人民自信自强、守正创新，在优先发展和重点实施政策指引下，我国乡村教育发展取得了令人瞩目的历史性成就：教育水平显著提高，教育公平持续改善，办学条件不断优化，教师队伍趋向合理，儿童教育发展稳步提升。十年间，以习近平同志为核心的党中央综合考量乡村教育发展情况，采取了多项行之有效的措施，积累了许多极为宝贵的实践经验：坚持中国共产党领导是乡村教育发展的根本保障，落实优先发展战略地位是乡村教育发展的基本前提，重视教育公平优质均衡是乡村教育发展的重要动力，构建系统精准政策体系是乡村教育发展的法治保障，加强教师队伍建设是乡村教育发展的关键因素。新发展阶段，在汲取这些历史经验和智慧力量的基础上，乡村教育亟须从高速度转向高质量发展，因而在目标上要以育人为旨归，内容上要实施"在地化"教育，路径上要与乡村振兴同频共振，机制上要构建内生发展动力机制。根据实地考察的全国422个乡村的数据，去除22个无效数据，最后整理出的400个有效乡村数据如表2-4所示。

表2-4　全国400个乡村教育基础设施基本信息统计表

| 乡镇个数 | 幼儿园、托儿所个数总计 | 若无，距离最近的幼儿园平均距离/千米 | 学龄前儿童就读幼儿园或学前班比例/% | 幼儿园学费、伙食费、保育费等合计/[元/(学期·人)] | 小学或教学点个数总计 | 若无，距离最近的幼儿园平均距离/千米 | 村里小学生在县里就读的平均比例/% | 村里初中生升学就读（普高、职高、中专等）的平均比例/% | 普通高中生平均学费、生活费等合计/[元/(学期·人)] | 职业高中生平均学费、生活费等合计/[元/(学期·人)] | 村民教育面临的最大问题 |
|---|---|---|---|---|---|---|---|---|---|---|---|
| 400 | 227 | 5.17 | 91.12 | 2 051.31 | 260 | 4.27 | 31.87 | 77.65 | 5 362.58 | 6 293.11 | 费用高 |

从表中数据我们可以看出,400个乡村中共有227个村里有幼儿园、托儿所,没有幼儿园、托儿所的乡村离最近的幼儿园平均距离为5.17千米,学龄前儿童就读幼儿园或学前班比例为91.12%,幼儿园学费、伙食费、保育费等平均合计为一学期2 051.31元/人。400个乡村中共有小学或教学点260所,没有本村小学的乡村离最近的小学平均距离为4.27千米,村里小学生在县里就读的平均比例为31.87%。村里初中生升学就读(普高、职高、中专等)的平均比例为77.65%,其中普通高中生平均学费、生活费等合一学期5 362.58元/人,职业高中生平均学费、生活费等合一学期6 293.11元/人。村民普遍反映教育面临的最大问题为费用高。这反映了我国的义务教育普及效果显著,但是在义务教育后,继续求学的乡村学生比例却有所下降,因此我国后续还需扩大普高、职高等教育范围,争取让这些学生各有所长,更好地为自己的乡镇所服务。针对村民普遍反映的教育费用高这一最大问题,应做出更加有针对性的政策,争取让乡村居民都能有钱上学,孩子上学能无后顾之忧。目前高校中推行的助学金贷款政策效果显著,许多学生通过国家的无息贷款圆了自己的大学梦,顺利地完成了学业,这一政策也可以通过一定的调整让更多乡村学生有学上,共享现有的良好社会教育资源,打破城乡教育的鸿沟,最终实现城乡资源的共享,实现共同富裕。

在安徽省,截至2020年,有普通高中661所,普通初中2 846所,普通小学7 464所,特殊教育学校77所。小学在校生数为468.24万人,为其他各种学校在校生数之最。小学占教育的主要部分,因此,下文主要通过农村小学的相关指标以及情况研究农村教育设施建设与管理。由图2-11我们可以看出,2014年安徽省普通小学在校生数为415.14万人,农村小学在校生数为164.16万人,农村小学在校生数占比为39.54%。2019年安徽省普通小学在校生数为462.10万人,农村小学在校生数为132.19万人,农村小学在校生数占比为**28.60%**。虽然农村小学在校生数呈每年下降的趋势,但截至2019年,仍然占不小的比例。

图2-11 2014—2019年安徽省普通小学及农村小学在校生数基本情况

[注:数据来源于《2020中国统计年鉴》《中国教育年鉴(2020)》]

(2)乡村教育基础设施管理现状

如图2-12所示,截至2013年,全国农村普通小学的数量呈不断下降的趋势,这和我国的合并小学集中师资有关系,但后续涉及的山区孩子

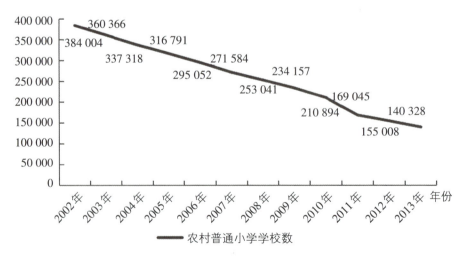

图2-12 2002—2013年全国农村普通小学学校数

[注:数据来源于《2020中国统计年鉴》《中国教育年鉴(2020)》]

上学距离远、城乡教育资源不均等仍是困扰我国目前乡村教育基础设施建设管理的大问题,我们只有更加重视此类问题,才能更好地解决目前乡村教育基础设施建设存在的问题。

截至2020年,从表2–5可以看出,安徽省普通小学教育经费收入共计5 547 789万元,其中国家财政性教育经费为5 306 266万元(包括一般公共预算教育经费4 845 392万元),民办学校中举办者投入17 389万元,社会捐赠经费1 399万元,事业收入198 785万元,其他收入23 948万元。安徽省农村小学教育经费收入共计3912 049万元,其中国家财政性教育经费为3 760 877万元(包括一般公共预算教育经费3 422 755万元),民办学校中举办者投入9 854万元,社会捐赠经费960万元,事业收入138 319万元,其他收入2 038万元。就国家财政性教育经费来看,农村小学占普通小学的比例为70.88%,说明安徽省目前十分重视农村小学的教育,充足的农村教育经费能够有效解决农村教育设施落后、师资力量不足等问题。

表2–5　2020年安徽省普通小学及农村小学教育经费收入情况表

| 小学类型 | 教育经费收入合计/万元 | 国家财政性教育经费/万元 | 一般公共预算教育经费/万元 | 民办学校中举办者投入/万元 | 社会捐赠经费/万元 | 事业收入/万元 | 其他收入/万元 |
|---|---|---|---|---|---|---|---|
| 普通小学 | 5 547 789 | 5 306 266 | 4 845 392 | 17 389 | 1 399 | 198 785 | 23 948 |
| 农村小学 | 3 912 049 | 3 760 877 | 3 422 755 | 9 854 | 960 | 138 319 | 2 038 |

数据来源:《2020年安徽省统计年鉴》

### 4.乡村文化基础设施建设与管理现状

(1)乡村文化基础设施建设现状

乡村文化是人们在长期的农业生产生活实践中形成的带有地域性乡土性的物质文明和精神文明的总称。习近平总书记强调:"乡村文明

是中华民族文明史的主体,村庄是这种文明的载体,耕读文明是我们的软实力。"2020年,党的十九届五中全会提出"优先发展农业农村,全面推进乡村振兴,坚定文化自信,同时繁荣发展文化事业与文化产业"。乡村振兴应当文化先行,在乡村文化建设中文化自信是更基本、更深沉、更持久的力量,乡村建设不仅要"塑形",更要"铸魂"。在脱贫攻坚与乡村振兴战略有效衔接的关键时期,进一步探索乡村文化振兴的理念、方法与实践路径,对于增强文化自觉、坚定文化自信、全面推进乡村振兴战略具有重要的理论价值和实践意义。纵观历史,以农耕文明为主导的中华文明有着不可割断的历史性,乡村文化中所蕴含的乡土之美、人文之情等优秀文化基因,对乡村居民的思维方式、价值理念及实践活动起到积极的教育与引导作用,发挥着以文化人、以文育人的重要功能,是新时代推动乡风文明建设、加强乡村社会治理的有效载体。在新时代推进中华优秀传统文化创造性转化和创新性发展的进程中,深入挖掘和梳理乡村文化,结合新时代社会主义文化建设的新要求,进一步丰富乡村文化的内涵,强化乡村文化的价值引领,推动乡村文化的传承和创新,对于弘扬中华优秀传统文化具有重要的现实意义。根据调查的80个乡村的数据可知,出台红白喜事操办规模标准的行政村平均占比为92.64%,有图书室、文化站(中心)的平均占比为98%,有体育健身场所的平均占比为94.90%,有戏(舞)台的平均占比为66.21%。乡镇有农村电影放映活动占总乡镇率为89.04%,平均每年播放55.27次电影,平均每次活动2.31小时,平均每次观看人数为95.64人。乡镇文化艺术团体共711个,平均每年举行8.36次传统戏曲,3.62次体育比赛,13.92次文艺会演,26.42次其他活动,如表2-6所示。

表2-6　全国80个乡村文化基础设施基本信息统计表

| 乡镇个数 | 出台红白喜事操办规模标准的行政村平均占比/% | 有图书室、文化站(中心)的平均占比/% | 有体育健身场所的平均占比/% | 有戏(舞)台的平均占比/% | 乡镇有农村电影放映活动占总乡镇率/% | 平均每年播放电影次数 | 平均活动时长 | 平均每次观看人数 | 乡镇文化艺术团体个数 | 平均每年举行传统戏曲演出次数 | 平均每年举行体育比赛次数 | 平均每年举行文艺会演次数 | 平均每年举行其他活动次数 |
|---|---|---|---|---|---|---|---|---|---|---|---|---|---|
| 80 | 92.64 | 98 | 94.90 | 66.21 | 89.04 | 55.27 | 2.31 | 95.64 | 711 | 8.36 | 3.62 | 13.92 | 26.42 |

（2）乡村文化基础设施管理现状

根据所调查的421个乡村的数据,有83.6%的乡村设置村级新时代文明实践站,其中76.9%的乡村经常开展志愿服务、文明村创建、评选文明村等活动。有94%的乡村在村内开展社会主义核心价值观、中国特色社会主义和中国梦宣传教育活动,25.6%的乡村有统一规划的公益性墓地。

### 5.乡村居住环境基础设施建设与管理现状

（1）乡村居住环境基础设施建设现状

农村的居住环境是农村居民生活质量的体现,也是乡村振兴建设中至关重要的环节。我国近几年对农村的厕所以及垃圾处理设施进行了一定程度的改造。截至2022年,我国农村卫生厕所普及率在70%以上,2018年以来累计改造农村户厕4 000多万个。农村厕所在质量和数量上都有了较大的提升,将原来暴露在外的厕所转为室内、园内厕所,改善了农村厕所气味大的问题,大大提高了农村的环境质量,标志着现代化农村雏形正在我国逐渐形成。对于农村厕所的改造,我国还形成了相应的以农村居民为主、政府多方参与的建设体系。同时也加强了农村生活垃圾的管理,完善并设置了适当的管理维护机制,政府根据不同地区的现状,通过服务的购买,设置了前端清扫步骤、中端垃圾收集和末端垃圾转运。我国大多数农村居民的门前都收拾得井井有条,让每村每户实现了垃圾不落地。当前,农村生活垃圾收运处置体系已经覆盖全国90%以上

的行政村,越来越多的乡村正在向美丽乡村方向转变。我国对农村人居环境的重视与改善,提升了农村居民的文明生活观念,对全面建设小康社会起到了重要的作用。但是问卷中显示,有近90%的村庄没有公共污水排放管道,这表明我国农村的污水处理在一定程度上有待改善。当前我国在污水处理设施方面的建设远不及厕所改造和垃圾处理设施,政府应该对污水处理进行因地制宜的对策,加强部署,分类整改,以提高农村居民卫生健康和生活质量,使得我国农村的可持续发展理念得到体现。

安徽省对于农村居住环境的改造一直紧随国家政策,改善的成果在近几年来较为显著。在厕所改造方面,安徽省精选了14种改厕模式供安徽各地区进行因地制宜的参考;创建了16个农村改厕提升与长效管护机制示范县,并且组建省级农村厕所改造技术指导专家组,对全省16个市进行全方位监督与指导。截至2021年底,安徽省的农村改厕管护体系延伸到了1.2万个行政村,完成了40万户农村居民的厕所改造任务,建立了1 200多所农村改厕管理维护的站点。在垃圾处理方面,在"十三五"期间,安徽省已经建设了较多的垃圾站,吸引专业化的企业从事农村垃圾中转服务工作。但是随着农村垃圾处理的治理深入推进,安徽省部分地区的垃圾中转急需维修和改善,因此安徽省对于农村生活垃圾的处理提出了更高的标准,健全农村垃圾收运体系,督促大排查、大整改解决存在的问题,补齐生活垃圾站中转能力不足、设施较为落后的短板。与此同时,也要促进对农村垃圾设施的处理,建设与改善双管齐下,提升农村生活垃圾治理水平。污水改造方面,安徽省加快污水管网建设,目前乡镇政府的生活污水处理设施已实现全面覆盖。安徽省的畜禽粪污和农作物秸秆等农业废弃物资源化利用全国领先,建立了长效管护机制,扭转了农村长期存在的脏乱差局面,不断协调农村居住环境与基础设施,让农村居民在物质以及思想方面都向美丽农村靠拢,提升安徽省整体农村人文居住环境水平,助力乡村振兴。

(2)乡村居住环境基础设施管理现状

我国对于农村人居环境的管理,在厕所改革方面,虽然已经取得了显著的成效,但是仍存在部分农村居民不愿意进行厕所改革的问题,这表明我国仍然需要继续加强农村居民对健康生活的认知,排除农村居民存在的落后思想。对幼儿园、卫生院或某些基层机构的厕所无法做到定期清理,因此在部分地区形成了厕所改造容易,但是厕所的管理清理服务不到位的情况。在农村污水处理方面,因为污水处理需要的资金成本较高,大多数农村区域还未形成完整的污水处理体系,因此对于污水处理仍然需要加大资金投入,对于污水处理方法也仍需改进。

**三 典型案例分析**

**案例一:**

近年来,在实施乡村振兴战略的过程中,安徽省望江县华阳镇始终将完善基础设施建设作为重点工作,高效整合项目资金,加快补齐基础设施建设短板,在农业生产设施建设、村居风貌改造提升、农村人居环境改善、产业融合发展等基础设施建设方面取得了新突破,为扎实推进乡村振兴战略实施发挥了巨大作用。

2022年,华阳镇共批复三个水利类基础设施项目,总投资362.9万元。项目实施以来,华阳镇通过不断整合资源,加快推进跃进河白沙村段(南岸)衬砌工程、古港段隔堤泄洪沟清淤配套桥涵工程、陶寓村水库农田排灌站重建工程建设,赶在汛期来临之前完工。项目完成后共新建控制闸3座,沟渠硬化砌长2千米。

在申报2022年项目前,华阳镇组建了项目审核专班,以镇分管领导为组长,涉及的各部门负责人为组员,对19个村、社区申报的项目进行现

场全覆盖审核。综合项目实施的必要性、实施条件、实施环境、土地性质、环保评估等多方面因素，听取群众呼声，立足民意，根据最终确定的项目提前做好工程设计，待项目批复后立即招标、开工。在项目开工后，每个项目配备一名科级领导为包保责任人，包保责任人每日需要和现场责任监理进行沟通，全程跟踪项目施工进度和质量，及时对施工现场做出相关指示，确保项目按照要求保质保量完成并达到预期效果，缓解了即将到来的防汛压力。

古港段隔堤泄洪沟清淤配套桥涵工程位于古港电排站南部沟，历史上，因为发生高水位洪水，南部沟高排沟水位需要两次才能进入闸站，排涝速度慢，造成农作物受淹。新建工程分沟渠、桥涵、控制闸等部分，大雨季节可以将高排沟水位的水直接进入前池，提高排涝速度。

陶寓村水库农田排灌站始建于21世纪初，由于设备老化，已经不能满足当前防汛排灌工作需求。新排灌站需要建设控制闸、电机和水泵等配套设施，总投资近60万元，投入使用后将解决800亩农田灌溉问题。

华阳镇跃进河白沙村段因年久失修，河堤垮塌，存在排洪和道路安全双风险，成为当地老百姓的心病。修建完成后将切实防范自然灾害风险，全力巩固拓展脱贫攻坚成果，提升沟渠灌溉排涝能力，解决周边90户农民的农业生产增收。

截止到2022年5月，3个基础设施类衔接资金项目已全部完工。望江县华阳镇把水利兴修作为乡村振兴的着力点，强力推进基础设施类衔接资金项目，紧紧围绕乡村振兴发展战略，以增强防洪减灾能力、提高农业综合生产能力和水安全保障能力为目标，继续加快推进水利工程建设，全面助推乡村振兴。

案例二：

党的十八大以来，安徽着力疏通偏远村居行路难、发展难的交通瓶颈,大力推进农村公路建设,助力乡村振兴,引领村庄幸福"蝶变"。六安市金寨县红岭公路是中国"十大最美农村路",这条风景独特的旅游线路近年来吸引了众多游客前来游玩,为当地注入了新的生机和活力,也撑起了农民增收、乡村振兴的新期盼、新希望。

紧挨着红岭公路的金寨县油坊店乡西莲村,过去是座四面环山的小山村,一条蜿蜒曲折的碎石路就是这个村与外界相连的唯一通道。"十三五"以来,六安市累计投入136亿元,建成农村公路畅通工程、扩面延伸工程17 206千米,实施农村公路危桥改造530座,一条条民生路、产业路和致富路,为大别山革命老区如期实现全面小康、推进乡村振兴奠定了坚实的基础。截至2021年底,老区基本实现了乡镇通三级以上硬化路,建制村通四级以上水泥路,20户以上自然村通硬化路,完成比例均达到了100%。红岭公路穿村而过,藏在山里的自然风光成了旅游打卡点,不断上升的客流量让村民们兴奋不已,大家纷纷办起了农家乐。

依靠修建好的公路,六安市金寨县油坊店乡西莲村先后建起了高山草莓育苗、高山泡菜基地,走出了一条主打休闲旅游、带动产业发展、促进乡村振兴的新路。2021年游客接待量达7万多人次,年旅游收入600多万元。农副产品"往外走",销售不用愁。村人均收入也从十年前不到3 000元,增长到2021年的1.6万元。

党的十八大以来,安徽省累计完成农村公路建设投资1 541亿元,占全省交通建设投资的20%。实现了从"村村通"到"组组通",从服务脱贫攻坚到助力乡村振兴。围绕"建好、管好、护好、运营好"这一目标,眼下,"四好农村路"全国示范县——合肥市肥西县正大力推进辖区内农村公路提档升级,切实推进农村公路建设由"数量型"向"质量型"转变。十年来,安徽农村公路里程从2012年的15.2万千米增加到20.9万千米,新增了5.7万千米。其中,"十三五"期间完成新改建农村公路12.7万千米,同期建设规模居全国第一位。先后实施农村公路畅通工程、农村公路扩面延伸工程、农村公路提质改造工程,实现了全省所有乡镇和建制村客车通达率100%,建制村通公交车率40%,推动"农村运输＋"物流、电商、旅游等产业蓬勃发展。

**案例三:**

安徽省太和县发挥民政社保兜底作用,紧紧围绕乡村振兴战略,扎实有效地开展农村养老保障工作。

扎实做好农村基本养老公共服务。一是做好政府供养老年人兜底保障。制定出台《太和县农村特困人员供养实施办法》,对纳入特困供养范围的老年人,给予每人不低于710元/月的基本生活费。特困人员可自主选择机构集中供养或在家分散供养的方式。对集中医养失能、半失能特困供养老年人,按照每人3 000元/月、2 500元/月标准购买集中照料服务,对分散供养失能、半失能老年人给予每人300元/月、200元/月标准的护理补贴。下发《太和县特殊困难老年人家庭适老化改造实施方案》,对分散供养高龄、失能特困供养老年人家庭,根据需要,经评估给予一次性3 000元标准的适老化改造补贴。二是做好困难老年人养老服务支持。建立低收入老年人居家养老服务补贴制度,制定出台《太和县经济困难老年人养老服务补贴实施办法》。对80周岁以上农村低保、特困供养老年人给予100元/月标准的居家养老服务补贴;建立特殊家庭的老年人巡访关爱制度。制定出台《关于进一步建立完善农村老年人关爱服务三项制度的实施意见》。对独居、空巢、农村留守、计划生育特殊家庭老年人,明确关爱帮包对象,进行每季度不少于一次的探视巡访;落实残疾老年人福利保障,制定出台《太和县残疾人护理补贴实施办法》,对二级以上残疾老年人、四级以上精神障碍老年人,给予每人60元/月护理补贴,确保补贴资金按时发放到位。三是做好普惠型养老服务。建立高龄津贴制度,制定出台《太和县高龄津贴发放实施办法》,向80周岁以上老年人发放高龄津贴,具体标准为80~99岁老年人每人20元/月,百岁以上老年人200元/月。

**案例四:**

安徽省全椒县二郎口镇广平村是省级美丽乡村,徜徉在小村落,一排排古朴的江淮民居映入眼帘,家家户户门前圈了竹篱笆,做成小菜园、小花园和小果园,整洁干净又不失乡土气息。沿着村道向里走,白墙灰瓦的老街、湖光碧影的花塘……别有洞天,惹人驻足。

全椒县全域旅游发展中,一个贫穷落后的小村庄实现美丽蝶变。他们坚持"因地制宜,就地取材,新旧融合"的建设原则,依托固有风貌打造独具特色的美丽乡村。在2022年成功翻修4 250米通村主干道,实现污水治理、垃圾处理全覆盖,当前自来水普及率百分百,户用卫生厕所普及率百分百,道路、河渠绿化率百分百,光纤、4G信号覆盖率百分百。

**案例五:**

"一个土坑两块砖,三尺土墙围四边",曾是李克文生活的一部分,随着农村改厕深入到明光市明光街道严岗村黄庄组,土坑旱厕逐渐成为历史记忆,取而代之的是干净明亮整洁的卫生厕所。

"去年,广播里经常宣传农村改厕的好处,我就一直惦记着,村干部上门宣传后,我立马填了申请表。现在厕所干净卫生多了,城里的孩子们回来得也勤快了。"谈及改厕后的变化,李老汉心情舒畅。

在厕所外墙后,三格式化粪池连着2.2米高的排气管。村民自发组建的志愿服务队定期清理化粪池。严岗村党总支书记班德友介绍,清理后的粪污遵循"就地处理、就地利用"的原则,用于浇灌小菜园、农田,经济又环保。

**案例六：**

安徽省阜阳市颍上县坚持以服务民生为宗旨，按照"覆盖拓展、连接顺畅、服务提升"的要求，坚决扛牢交通先行使命担当，持续加大交通基础设施建设投入，全面推进交通事业高质量发展，为加快颍上县城乡一体化发展提供了坚实的交通运输保障。

全长1.873千米的颍河六桥是颍上县重点实施的交通基础设施建设项目，其北接颍上经开区，南连345国道，总投资超过4亿元。全线通车后，不仅提升了颍上经开区承载能力、扩展了发展空间，也给颍河两岸经济发展注入了新动能。在颍上县八里河镇潘冲社区，宽阔的柏油路纵贯其中，让人眼前一亮。这条道路是乡道升级改造项目。项目完成后，一改过去道路"窄、破、弯"的现象，让沿线居民出行更加便捷舒适，得到附近百姓一致认可。据统计，截至2021年底，颍上县农村公路的里程达到3944千米，30个乡镇通三级公路，349个建设村都有一条通往附近的重要干道，20户以上的2945个自然村已经全部通硬化路。高速公路通车里程77千米、拥有高速公路出口3个，公路通车里程3766千米。

颍上县已经形成以国省干线公路为骨架、县乡公路为依托、乡村道路为辐射，干支相连、四通八达的公路交通网络，进一步贯通了人流、物流、商流等各个方面，有力促进了地区之间的贸易往来，为助力颍上县经济社会高质量发展奠定了基础。

## ▶ 第三节　生产生活基础设施建设与管理存在的不足

### 一　投入绩效偏低

　　资金的支持是基础设施建设的支柱,但是政府对于农村生产基础设施的投入总量不足,对于生活基础设施的支出比重也较低。因此投入力度仍需加强,较低的投资水平对于农村经济发展的基础设施要求来说还远远不够。基础设施无法得到量的保证,经济发展就无法完成量的飞跃。当前农村基础设施建设主要由地方政府负责运作,但是县、乡政府由于财力紧张,无力拿出资金来支持农村基础设施建设,一方面会造成农村基础设施在数量上不充分,另一方面造成农村基础设施配置结构和布局不合理、区域发展不平衡,不能满足农村居民日益增长的基础设施服务需求。因此政府应该继续加大对农村基础设施的资金投入,不让资金问题成为三农发展的拦路虎。

### 二　发展不平衡不充分的问题依旧存在

　　目前我国农村生产生活基础设施建设处在稳步发展阶段,因此区域上的差距仍然存在。农村基础设施投入多少很大程度上取决于当地区域发展实力的强弱,城市或区域发展不平衡也会直接导致农村基础设施建设发展不平衡。东南沿海区域以及大城市的经济发展较好,各乡镇收入较高,因此基础设施的支出也较高;而中西部地区则相反。长此以往,不仅对乡村振兴毫无促进,还会使国家以及政府的投入资金的回报率降

低,因此解决农村基础设施发展不平衡现状仍然任重道远。

## 三 重建设轻管护现象普遍

从调查中我们发现,各个乡镇对建设的支出都有所规划,但是对于设施后期的管理与维护费用都没有明确说明,大部分农村的农业基础设施都存在年久失修、功能老化、建设标准较低等问题。生产生活基础设施的建设不仅在于新建设施,更在于设施的定期维护与管理。倘若没有维护管理,设施的使用年限将大大降低,建设成本也会随之提高。

## 四 轻视长期效益

生产生活基础设施属于公共产品,它不仅仅服务于我们这一代,更重要的是具有长期效益。长期效益主要有两方面的意思,一是指项目建成后在相当长时期(例如十年以上)内持续发挥的效益,二是指经过一定时期之后才开始发挥的效益。在调查中我们发现,大多数乡镇现下缺乏什么设施就规划什么设施,而没有注意到长期效益。轻视长期效益的结果是不言而喻的,只有将长期效益重视起来,乡镇才能更好地发展。

## 五 环境基础设施建设滞后

习近平总书记于2005年8月在浙江湖州安吉考察时就提出"绿水青山就是金山银山"的科学论断。由于近百年来人们以环境为代价搞发展,我们的生存环境已经受到了严峻的挑战。环境对我们每个人而言都是十分重要的,但通过调查我们发现,许多乡镇基础设施建设搞得轰轰烈烈,但配套的环境基础设施却没有跟上。环境基础设施的严重滞后导致乡镇环境不仅没有得到良好的改善,反而呈现出恶性循环的态势。因此,各乡镇应该重视环境基础设施建设,争取建设大美农村。

## (六) 高质量人才缺失

农村的发展离不开人力资源的支撑,高质量人才也是农村发展的内在支撑。我国农村的人才质量不足主要体现在两个方面。一方面是农村能够掌握高级生产设备的人才较少。在农业机械和水利灌溉设施中,只有少数农民可以较好地使用现代化农业机器设备,这对于发展现代农业和规模农业都会造成一定的阻力,在一定程度上也会降低农产品的产量。另一方面是农村的生活基础设施具备的人才较少,例如医疗人才和养老人才等。这些基础设施领域都需要高素质的人才,但是这些基础设施领域的人才以中专生为主,很少有大专学历以上的人员,再加之农村的职位收入以及报酬较少,缺乏引进人才、留住人才的条件和机制,更多的人才选择去城市发展,从而导致农村生活基础设施人才缺失的局面,严重影响了基层基础设施的运行质量。

总之,农村生产生活基础设施建设作为农村经济发展的基础和必备条件,对于我国现阶段的发展有着重要意义。2021年中央一号文件提出:"到2025年,农业农村现代化取得重要进展,农业基础设施现代化迈上新台阶。"可见,完善的农业基础设施是实施乡村振兴战略的重要目标,也是实现农业农村现代化的先决条件,对农业经济发展和农民收入水平提高等都起到了极为重要的作用。农业基础设施是一项重要的公共产品,是农业发展所需要的各种基础设施的总称。高标准农田、农机装备、粮食仓储加工等农业基础设施建设,是保障我国粮食安全、补齐农业发展短板、提升农业综合生产能力、推进农业农村现代化的重要举措。"十三五"以来,我国农业基础设施建设进展显著,取得了较大的发展成就。2010年到2019年,我国农业机械总动力从92 780.5万千瓦增长到102 758.3万千瓦,耕地灌溉面积从60 348千公顷增长到68 679千公顷。

到2020年,高标准农田面积已达8亿亩,到2022年,高标准农田面积则会已达到10亿亩。然而,相对于农业农村现代化的需要,农业基础设施投入仍然不够,资金保障不足、管理不完善等问题仍然存在,直接影响了乡村振兴战略的实施和农业农村现代化的推进。抓好农村生产生活基础设施建设能够为农村的发展积蓄能量、增添后劲,对于乡村振兴有着非同小可的作用,而建设滞后则可能成为制约乡村发展的瓶颈。国家现阶段大力发展农村生产生活基础设施,保证农民的生活生产质量,让人民实实在在地看见了国家的努力。但发展的过程中仍然存在不少问题,我们应该及时发现问题并且正视问题,争取早日解决问题,只有这样,我们的农村才会稳定向前发展。

# 第三章

# 文化基础设施的建设与管理

## ▶ 第一节 文化基础设施的分类

### 一 农家书屋

党和政府在2005年开始农家书屋试点,在2006年7月召开的兰州座谈会讨论了农家书屋投放刊物一事,随后在各个省份广泛开展农家书屋的建设活动。农家书屋旨在满足农民自身文化需求,是在行政村内建立,由国家新闻出版署负责监管,实行村民自主管理模式,为农民提供书籍、报刊和音像等电子产品的公益性文化服务场所。它是由政府出资帮扶,多渠道吸纳社会人士投资,整合各种有利于新农村文化建设的资源,最后进行统一规划的一项惠民工程,着力解决农民群众"买书难、借书难、看书难"的问题,大力弘扬社会主义先进文化,用科学知识引领人,保障农民群众享受文化资源的最基本权益,从而推进社会经济的发展和社会主义和谐社会的建设。

中华人民共和国成立初期,文化部提出农村图书馆的建设计划,1956年党中央印发的《全国农业发展纲要》中提出用7～12年时间在全国农村普及包括图书室在内的文化网络。到1958年6月,全国农村图书室约有288 326个。改革开放后,中共中央在《关于关心人民群众文化生活

的指示》中强调要发展农村文化事业,推动建立农村集镇文化中心。1982年11月30日,五届人大五次会议《关于第六个五年计划的报告》中要求在"六五"期间基本做到县县有图书馆,乡乡有文化站。2007年3月28日,新闻出版总署印发了关于《"农家书屋"工程实施意见》的文件,文件指出要大力推进农家书屋工程,文化振兴不能让任何一个村庄掉队,让图书走进每一个偏远地区,用知识来武装自己,将农家书屋项目推广至全国。到2010年,在经济发达地区实现农村每个乡镇都有一个规模不等的图书馆,藏书万册以上的达到30%,平均藏书在2 000册以上。到2020年底,全国共建成农家书屋58.7万个,藏书量达12亿册,农家书屋在全国范围内推广并不断完善。

**二 体育健身场所**

体育健身场所是由政府主导的自上而下推行的为了满足农民群众提高自身身体素质、追求美好幸福生活需求的一项工程,推进体育健身场所的建设是公共文化基础设施建设中的一部分,也是实现乡村振兴战略必不可少的一环,对实现城乡基本公共服务均等化具有很大的促进作用。1987年到2001年间,共有7批676个县(市、区)被评为全国体育先进县,将我国农村体育的发展又推上更高一层。1996年11月25日,在《关于深化改革加快发展县级体育事业的意见》中指出,农村体育是县级体育工作的重点。要发挥城镇带头作用,提高农民体育意识。2006年中央一号文件《中共中央国务院关于推进社会主义新农村建设的若干意见》提出要推动实施"农民体育健身工程",引导农民积极参与体育活动。截至2010年底,全国共建设完成农民体育健身工程23万个,新增农村体育场地2.3亿平方米,农村人均新增体育场地0.7平方米,受益人口3.3亿,极大地改善了农村地区体育健身场所匮乏的局面。在"十四五"规划中,习近平总书记强调到2025年农民群众的体育意识显著提高，农村健身场地设施基本健全，不断扩大农村体育健身农民队伍。

### 三 农村戏剧舞台

农村戏剧舞台是农村文化发展的主阵地，寄托了农村居民对知识的渴望，对丰富精神世界的渴求。促进城乡优秀文化的交融与交汇，是推进新农村建设在公共文化基础设施上的体现，可为新农村建设提供强大的精神力量。在集体经济时代，农村地区以收听广播为主，辅之以放映电影来丰富业余的文化生活，在农村地区搭建专门的戏剧舞台十分少见。在2008年国家统计局发布的《第二次全国农业普查主要数据公报》中仍然没有农村戏剧舞台的相关数据，只提到71.3%的乡镇有广播、电视站，而在2017年的《第三次全国农业普查主要数据公报》中提到11.9%的乡镇有剧场、影剧院。这也从侧面反映出农村居民在精神方面的诉求不断增加，党和政府对广大农民群众的文化生活十分重视，不断完善公共文化基础设施建设，修建戏剧舞台等惠民设施，使优秀的传统曲目更多地走进农村地区，进入大众的视野。

### 四 农村文化产业配套基础设施

#### 1.农村文化产业概念

农村文化产业是指从事文化生产和提供文化服务的经营性行业。农村文化产业按属性可分为红色文化产业、传统文化产业、历史古迹文化产业和自然景观文化产业。文化产业的发展依托当地丰富的资源、独特的地势地貌、名人故居、红色精神等可开发利用的资源，将文化寓于物中，以物为载体，依托当地独特文化，建立完善的产业链，将当地丰富的文化资源转化为经济发展的优势。2018年9月，中共中央、国务院印发

《乡村振兴战略规划(2018—2022年)》,指出发展乡村特色文化产业的重要性,要求加强人才队伍建设,打造特色文化产业群。产业的发展以基础设施建设为依托,对实现农村文化产业高质量发展,基础设施建设起决定性作用。

### 2.基础设施建设

发展产业,配套基础设施是关键,基础设施完善程度直接决定了文化产业能否持续发展。农村文化产业基础设施与生产生活基础设施有所不同。前者是服务于文化产业,后者是服务于农村整体。文化产业配套基础设施建设主要分为三部分:首先是水、电、路等一般建设,这是文化产业能否发展的基础,2017年国家统计局发布的《第三次全国农业普查数据公报》中显示,在全国范围内,91.3%的乡镇集中或部分集中供水,99.7%的村通电,99.3%的村通公路,基础服务设施基本实现全覆盖;其次是电话、电视、宽带互联网等通信建设,互联网+的时代,利用网络的宣传效应让文化产品快速被大众熟悉,这是文化产业兴盛的基础,截止到2016年末,99.5%的村通电话,82.8%的村安装了有线电视,89.9%的村通宽带互联网,25.1%的村有电子商务配送站点,通信建设的覆盖率也逐渐增加,电子商务方面还有较大的提升空间;最后是建立合理的排污系统,使经济发展和生态保护两不误,这是文化产业绿色发展的基础。

## ▶ 第二节 文化基础设施的财政投入

### 一 财政投入情况

近年来,政府财政投入逐渐向基层单位倾斜。文化基础设施在本章中主要指农家书屋、体育健身场所、农村戏剧舞台以及农村文化产业配套基础设施这四部分。农村的经济和文化发展水平都十分迟缓,文化基础设施建设是促进农村地区经济发展的关键因素。以东、中、西部三个区域来划分,三个区域的文化产业资金投入都呈稳步上升的趋势,但是东部地区的资金投入明显高于中部和西部地区,县及县以下的资金投入不断增加。根据《中华人民共和国文化和旅游部2021年文化和旅游发展统计公报》显示,2000年、2005年、2010年、2015年、2018年、2020年、2021年县以上的文化和旅游资金分配分别占全国总量的73.4%、73.3%、64%、51.7%、45.8%、46%、44.7%。从总体趋势看,县以上的文化资金投入呈逐渐减少的趋势,财政拨款更多地流向县及县以下地区。2020年中央一号文件指出,推动基本公共服务向乡村延伸,扩大乡村惠民工程覆盖面,党和政府对于农村文化基础设施建设高度重视,财政支农力度不断增加,县区文化投入资金大量转移到农村地区。如表3-1所示。

表3-1 2010-2020年全国文化和旅游资金城乡分布情况

| 年份 | 2000年 | 2005年 | 2010年 | 2015年 | 2018年 | 2020年 | 2021年 |
|---|---|---|---|---|---|---|---|
| 全国总量/亿元 | 63.2 | 133.8 | 323.1 | 686.0 | 928.3 | 1 088.3 | 1 132.9 |
| 县以上总量/亿元 | 46.3 | 98.1 | 206.7 | 352.8 | 425.0 | 501.0 | 506.4 |
| 县及县以下总量/亿元 | 16.9 | 35.7 | 116.4 | 330.1 | 503.4 | 587.3 | 626.5 |
| 东部地区总量/亿元 | 28.9 | 64.4 | 143.4 | 287.9 | 416.2 | 491.6 | 526.4 |
| 中部地区总量/亿元 | 15.1 | 30.6 | 78.7 | 164.3 | 232.7 | 269.8 | 283.4 |
| 西部地区总量/亿元 | 13.7 | 27.6 | 85.8 | 193.9 | 242.9 | 301.6 | 292.6 |
| 县以上占比/% | 73.4 | 73.3 | 64.0 | 51.7 | 45.8 | 46.0 | 44.7 |
| 县及县以下占比/% | 26.7 | 26.7 | 36.0 | 48.3 | 54.2 | 54.0 | 55.3 |
| 东部地区占比/% | 45.7 | 48.1 | 44.4 | 42.1 | 44.8 | 45.1 | 46.5 |
| 中部地区占比/% | 23.8 | 22.9 | 24.3 | 24.1 | 25.1 | 24.8 | 25.0 |
| 西部地区占比/% | 21.7 | 20.6 | 26.6 | 28.4 | 26.2 | 27.7 | 25.8 |

注:数据来源于《中华人民共和国文化和旅游部2021年文化和旅游发展统计公报》。

## 二 文化基础设施建设情况

### 1.农家书屋

在 2010—2020 年间,农家书屋建成量不断增加,在 2010 年建成数量为 28 万个,到 2011 年建成数量为 50 万个,实现了跨越式发展。2012—2020 年,每年农家书屋建成量在 60 万个上下浮动,从单个年份看建成量有波动,但从整体趋势上看始终维持在一定的数值,建成量从每年 28 万个发展为 60 万个。从农家书屋藏书量看,2011 年较上一年,藏书量增长了 3.65 亿册,这两年是藏书量增长的黄金时期。在 11 年间,藏书量保持增长的趋势,由 4.24 亿册增长到 12 亿册。财政投入效果在建成量和藏书量上表现得十分显著。如表 3-2 所示。

表 3-2 　2010—2020 年农家书屋建设情况

| 年份 | 2010年 | 2011年 | 2012年 | 2013年 | 2014年 | 2015年 | 2016年 | 2017年 | 2018年 | 2019年 | 2020年 |
|---|---|---|---|---|---|---|---|---|---|---|---|
| 建设农家书屋数量/万 | 28 | 50 | 60 | 59 | 60 | 60 | 60 | 59 | 59 | 58.5 | 58 |
| 农家书屋藏书量/亿册 | 4.24 | 7.89 | 9.40 | 9.76 | 10.12 | 10.48 | 10.84 | 11 | 11 | 12 | 12 |

注:数据来源于新华网:http//www.xinhuanet.com/politics/2020-09/15/c-1126495684.htm。

### 2.体育健身场所

国家体育总局发布数据指出,政府近几年对地方基础设施建设的投资超过 135 亿元,截至 2020 年底,全国体育场地的数量与 2017 年相比增长了 89.7%,体育场地总面积增长了 33.4%,人均场地面积增长了 32.5%,其中社区体育场地覆盖率达到 90%,行政村场地设施覆盖率已经超过 96%,国家财政资金的大量投入,基本解决了农村体育健身场所匮乏的问题。

### 3.农村戏剧舞台

　　政府出资兴建农村戏剧舞台,增加了文化下乡的频率。戏剧舞台的建设是为了满足农民的文化需求,丰富农民的精神世界。表3-3反映了2010—2017年各类艺术表演团体赴农村演出情况,县、市艺术表演团体只在2010年赴农村演出过,中央艺术表演团体在2010—2012年赴农村演出且每年的演出场次都十分少。其中,省、区、市艺术表演团体和地、市艺术表演团体到农村演出,每年场次不多,但发展态势较为稳定。其他艺术表演团体到农村演出场次时间增长,每年演出场次也都在不断增加。在政府没有出台文化基础设施建设这项惠民工程前,文化下乡的表演场所选址十分随意,在空旷的地方进行表演,农民席地而坐欣赏表演,遇到恶劣天气表演行程就被取消。公共文化基础设施的匮乏,使农民丧失了很多欣赏文化表演的机会。农村的文化生活受制于公共文化基础设施的不完善,一直处于停滞不前的状态。政府出资兴建文化表演场地,不断完善文化基础设施建设,艺术表演团体下乡次数逐渐增加。如表3-3所示。

表3-3　2010—2017年各类艺术表演团体赴农村演出情况

| 年份 | 2010年 | 2011年 | 2012年 | 2013年 | 2014年 | 2015年 | 2016年 | 2017年 |
|---|---|---|---|---|---|---|---|---|
| 艺术表演团体到农村演出场次/万场次 | 84.67 | 100.67 | 81.16 | 105.07 | | | | |
| 集体艺术表演团体到农村演出场次/万场次 | 4.97 | 4.88 | 3.96 | | | | | |
| 其他艺术表演团体到农村演出场次/万场次 | 59.04 | 74.27 | 52.59 | 83.43 | | 116.36 | 129.08 | 160.41 |
| 中央艺术表演团体到农村演出场次/万场次 | 0.07 | 0.08 | 0.01 | | | | | |

续表

| 年份 | 2010年 | 2011年 | 2012年 | 2013年 | 2014年 | 2015年 | 2016年 | 2017年 |
|---|---|---|---|---|---|---|---|---|
| 省、区、市艺术表演团体到农村演出场次/万场次 | 1.88 | 1.98 | 1.58 | 1.73 | | 2.09 | 1.76 | 2.01 |
| 地、市艺术表演团体到农村演出场次/万场次 | 4.74 | 5.15 | 5.5 | 4.65 | | 4.45 | 4.12 | 4.2 |
| 县、市艺术表演团体到农村演出场次/万场次 | 77.9 | | | | | | | |
| 国有艺术表演团体到农村演出场次/万场次 | 20.66 | 21.53 | 24.6 | 18.16 | | 19.58 | 19.78 | 21.21 |

注:数据来源于国家统计局。

### 4.农村文化产业配套基础设施

农村文化产业配套基础设施与生产生活基础设施相承接,提高了基础设施完善度。农村文化产业配套基础设施包含了发展文化产业所需的水、电、路等基础设施,电视、电话、宽带互联网等能源通信设施,以及合理的排污系统。据2017年国家统计局发布的《第三次全国农业普查主要数据公报》可知,农村公路覆盖率99.3%,火车站、码头、高速公路出入口的比例分别为8.6%、7.7%、21.5%,公路基本实现全覆盖;供水系统覆盖率为91.3%,电力设施覆盖率为99.7%,部分地区天然气覆盖率为11.9%,99.5%的村通电话,89.9%的村通宽带互联网,保障了农民的基本需求。发展农村文化产业必然要建设配套基础设施,以弥补生产生活基础设施建设的不足,提高相关设施覆盖率。

### (三) 文化基础设施建设与管理主体

文化基础设施建设投资主体为政府,融资主体为个人、企业以及其他社会团体。文化基础设施建设是政府为了全面推进乡村振兴,补齐农村短板所采取的必要手段,其方式有两种:"外部输血"和"内部造血"。前者是指通过政府的转移支付,为被扶持项目直接带来资金支持,改善文化产业基础设施建设。"内部造血"是指通过政府投资建设基础设施,从而带动农村经济发展,使文化基础设施进一步完善。《中华人民共和国文化和旅游部2021年文化和旅游发展统计公报》显示,2017、2018、2019、2020、2021年文化事业投入占财政总支出的比例分别为0.42%、0.42%、0.45%、0.44%、0.46%。从占比数值来看,国家在文化事业上投入大量资金,其中大部分都流入农村地区,仅仅靠"外部输血"来维持不是长久之计,"内部造血"才是完善基础设施建设的长效机制。"外部输血"不足会导致"内部造血"功能缺乏活力,融资的主体就十分关键。利用政府投资撬动社会资本流入农村,为基础设施的建设注入活力。

## ▶ 第三节　文化基础设施建设与管理现状

### 一 文化基础设施的覆盖率

政府对县及县以下的地区投入大量资金,主要用来建设文化基础设施,2012—2020年,政府相关部门通过实地考察对全国777个村庄开展调研活动。从整体看,在777个村庄中,713个村庄有农家书屋,547个村庄有体育健身场所,185个村庄有农村戏剧舞台,分别占总调查村庄数的91.76%、70.4%、23.81%。如表3-4所示。

表3-4  2012—2020年被调查村庄文化基础设施建设情况(不含2018年)

| 年份 | 2012年 | 2013年 | 2014年 | 2015年 | 2016年 | 2017年 | 2019年 | 2020年 |
|---|---|---|---|---|---|---|---|---|
| 被调查村庄数/个 | 64 | 88 | 37 | 66 | 43 | 38 | 20 | 421 |
| 有图书室村庄数/个 | 48 | 66 | 35 | 58 | 42 | 37 | 20 | 407 |
| 有体育健身场所村庄数/个 | 39 | 37 | 23 | 42 | 21 | 28 | 20 | 337 |
| 有戏(舞)台村庄数/个 | — | — | — | — | 5 | 16 | 11 | 153 |
| 有图书室村庄比例/% | 75 | 75 | 94.59 | 87.88 | 97.67 | 97.37 | 100 | 96.68 |
| 有体育健身场所村庄比例/% | 60.94 | 42.05 | 62.16 | 63.64 | 48.84 | 73.68 | 100 | 80.04 |
| 有戏(舞)台村庄比例/% | — | — | — | — | 11.63 | 42.11 | 55 | 36.34 |
| 图书馆占地面积/米² | | | | | 1 915 | 2 664 | 561 | 32316.5 |
| 体育健身场所占地面积/米² | | | | | 13 270 | 64 711 | 18 650 | 333 749 |
| 戏(舞)台村庄占地面积/米² | | | | | 420 | 2 212 | 6 326 | 33 040 |
| 平均每个村庄拥有图书馆面积/米² | | | | | 44.53 | 70.11 | 28.05 | 76.76 |
| 平均每个村庄拥有体育健身场所面积/米² | | | | | 308.60 | 1 702.92 | 932.50 | 792.75 |
| 平均每个村庄拥有戏(舞)台面积/米² | | | | | 9.77 | 58.21 | 316.30 | 78.48 |

注:数据来源于课题组调查结果。

## 1.农家书屋

农家书屋基本实现全覆盖,但仍存在使用率较低的问题。根据调查结果将农家书屋的发展分为两个时段,以2015年为时间节点,对照前四年和后四年农家书屋的发展趋势。在2012、2013、2014、2015年,农家书屋覆盖率分别为75%、75%、94.59%、87.88%,增长趋势不稳定,覆盖率大多集中在 70%~80%，对其占地面积以及人均面积没有清晰记录。在 2016—2020 年，建有农家书屋的行政村占调查村庄总量的比例分别为 97.67%、97.37%、100%、96.68%，农家书屋的占地总面积分别为 1 915 米$^2$、2 664 米$^2$、561 米$^2$、32 316.5 米$^2$，平均每个村庄拥有农家书屋的面积分别为 44.53 米$^2$、70.11 米$^2$、28.05 米$^2$、76.76 米$^2$。由于每年调查村庄的样本总量不固定，农家书屋覆盖率在占地总面积中看不出增长或降低的趋势。在 2016—2020 年农家书屋覆盖率基本维持在 95% 以上，覆盖率较 2015 年之前显著上升，基本实现全覆盖，平均每个村庄的建设面积呈现波动上升的趋势。

以 2020 年调研数据为例，96.68% 的村庄都至少拥有一个书屋，平均每个村庄拥有书屋面积为 76.76 米$^2$，是历年村庄平均面积最多的一年。根据文旅部 2021 年 7 月 5 日发布的《2020 年文化和旅游发展统计公报》，截至 2020 年末，全国平均每万人公共图书馆建筑面积为 126.49 米$^2$，即人均面积为 0.012 6 米$^2$。针对 421 个村庄进行调研，农村人均书屋占有面积为 0.03 米$^2$。城乡人均书屋占有面积对比，农村的书屋发展更好。然而实际情况并非如此，农村书屋大多建在行政村的会议室、活动室中，人均面积占有量虽高于城市，但刨去开会、接待上级领导等事务，人均占有面积所剩无几。从开放的时间来看，乡村书屋的年平均开放天数较高，达到每年 219.3 天。但是，关注到平均使用情况的数据时，平均每个村庄图书室每年借阅人次为 688.41，核算下来每天接待仅 3 人次左右，全国公共图书馆总流通人次 54 145.81 万，平均每天流通人次 148.34 万，城乡图书流通率差距较大。从图书室藏书规模来看，421 个村庄人均为 2.4 册，而城市图书馆人均藏书量为 0.84 册，农村人均藏书量远远高于城市，结合实际情况，开放时间短、接待人数少都是造成书屋利用率低的主要因素。如表 3-5 所示。

表3-5  2020年农家书屋基本情况

| 覆盖率 | 人均面积 | 平均开放天数 | 人均馆藏量 | 年平均更新比例 | 平均使用情况 |
|---|---|---|---|---|---|
| 96% | 0.03米² | 219.3天/年 | 2.4本/人 | 16.6% | 688.41人次/年 |

注:数据来源于课题组调查结果。

### 2.体育健身场所

农村体育健身场所覆盖率有待提升,同时存在管理不善的问题。根据2012—2020年调查的数据可知,农村体育健身场所占当年调研总样本的比例分别为60.94%、42.05%、62.16%、63.64%、48.84%、73.68%、100%、80.04%,将过去几年的数据加总起来,平均每年农村体育健身场所的覆盖率为66.4%,以66.4%作为参考依据,2017—2020年的覆盖率在平均水平之上。在2016—2020年,体育健身场所的占地面积分别为13 270米²、64 711米²、18 650米²、333 749米²,平均每个村庄拥有体育健身场所的面积分别为308.60米²、1 702.92米²、932.50米²、792.75米²。整体建设面积反映不出具体情况,从平均每个村庄拥有的面积观察,体育健身场所的建设面积数值非常可观,但其管理和维护仍存在很大问题。

以2020年调查的421个样本村庄为例,80.04%的村庄都拥有体育健身场所,在每个村庄平均占地面积为792.75米²。从覆盖率上看,体育健身场所低于农家书屋,但差距不大,仍有提升的空间。从建设面积上看,农村体育健身场所的建设面积为333 749米²,农村人均拥有面积为0.31米²。2021年6月1日国家体育总局发布的《2020年全国体育场地统计调查数据》显示,全国体育场地的建设面积为30.99亿米²,人均体育场地面积为2.20米²,农村体育健身设施拥有面积与全国相比,远远落后于全国平均水平。在全国范围内将体育健身场所分为基础大项场地、球类运动场地、冰雪运动场地、体育健身场地四个部分,在农村地区没有进行详细的区分,统称为体育健身场所,这也体现出农村地区在体育健身场所建设上的落后。从管护水平上看,农村地区有超过50.30%的体育健身场所存在设备数量短缺、种类较少的情况。而已有的健身设备中,剔除轻度破损的,也依然有15.5%的设备严重破损,无法使用。体育健身设备的覆盖率高也无法掩盖管护不合理、不及时的问题。如表3-6所示。

表3-6　2020年农村体育健身场所基本情况

| 覆盖率 | 人均面积 | 设备短少情况 | 设备严重破损情况 |
|--------|----------|--------------|------------------|
| 79.60% | 0.31米² | 50.30% | 15.50% |

注:数据来源于课题组调查结果。

### 3.农村戏剧舞台

农村戏剧舞台的覆盖率低且利用率不高。据调查数据显示,2016、2017、2019、2020年农村戏剧舞台的覆盖率分别占调查年份总样本的11.63%、42.11%、55%、36.34%,建设面积分别为420米²、2 212米²、6 326米²、33 040米²,平均每个村庄拥有戏剧舞台的面积分别为9.77米²、58.21米²、316.30米²、78.48米²。在2016年之前农村戏剧舞台建设量没有详细的数据记载,因此不对其进行分析。2016—2020年戏剧舞台的覆盖率从整体看处于螺旋式上升的趋势,2019年是建设面积最大的一年。农村戏剧舞台的覆盖率相较于农家书屋和农村体育健身场所,差距仍然很大,农村戏剧舞台的建设还有很大的发展空间。

2020年调研数据显示,农村戏剧舞台的建设量少,2020年农村戏剧舞台的覆盖率为36.34%,农家书屋和体育健身场所的覆盖率比农村戏剧舞台高2倍还多。最多的一个村庄建设了12个戏剧舞台,只有不到一半的村庄拥有自己的戏剧舞台,其余很多村庄存在没有建设的情况。从人均占有面积上看,农村戏剧舞台人均面积为0.07米²,比农家书屋的人均占有量要高,但也存在严重的利用率低下的现象。从使用率上看,均有戏剧舞台的村庄平均使用次数达到了15.1次/年,平均每月至少利用一

次。相比于较高的使用率,更凸显了戏曲舞台覆盖率的不足。如表3-7所示。

表3-7 2020年农村戏剧舞台基本情况

| 戏剧舞台覆盖率 | 人均面积 | 平均使用情况 |
|---|---|---|
| 44.10% | 0.07米² | 15.1次/年 |

注:数据来源于课题组调查结果。

### 4.农村文化基础设施建设

农村文化业资源-产业转换比低。农村文化资源主要分为红色文化、传统文化、历史古迹和自然景观四类。以2020年调研数据为例,四类文化的资源-产业转换比分别为7.20%、4.30%、3.55%、9.20%,自然资源的转换比最高。从红色文化产业来看,在421个样本村庄中,有45个村庄拥有红色文化资源,占比为10.7%。然而只有30个村庄能够将红色文化资源转化为一定规模的文化产业,资源-产业转换比仅为7.2%。红色文化产业的投入金额为2 318.9万元,然而实现产值收益只有229.2万元;传统文化的投入为438.6万元,实现产值为5.8万元;历史古迹投入金额为1 012.5万元,实现产值为861.7万元;自然景观投入金额为5 386.1万元,实现产值为894.9万元。政府投入大量资金发展文化产业,但资源转换比不理想。

### 5.文化基础设施建设情况——以安徽省为例

据2019年1月15日安徽省文化和旅游厅发布的《安徽省文化和旅游厅关于下达2019年中央及省级农村文化建设专项资金的通知》可知,对全省现有15 441个行政村进行专项补助,中央补助资金为7 720.5万元,省级补助资金为6 176.4万元,市县应配套资金为4 632.3万元,专项补助主要用于开展行政村文化设施维护和文化体育活动(送戏进万村)等。

截止到2019年,全省共建成15 441个农家书屋,为解决农家书屋图书补给不足、更新速度慢等问题,安徽省不断创新,在全国率先创建安徽省数字农家书屋平台,支持PC端网站、手机App、微信订阅号等多种阅读方式,为读者提供电子图书30 000余册,音视频出版物2 000余部,电子期刊30余种,并以每年10%的数量进行补充更新,满足农民群众的阅读需求。在全省已有9 119个行政村完成数字化建设,覆盖率接近60%。《安徽省2020年农家书屋出版物推荐目录》(以下简称《推荐目录》)显示,政经类、科技类、文化类、医卫生活类、少儿类、其他类占比分别为3%、2%、52%、4%、37%、2%。农家书屋在发展过程中根据民意不断调整数目类别的构成比例,其中文化类和少儿类适合农民阅读的书籍占比最高,科技类书籍和政经类书籍对于农民来说会有一定的阅读障碍,因此减少对此类书籍的提供。如表3-8所示。

截至2019年底,安徽省建设农民体育健身工程15 339个,实现行政村全覆盖。全省《全民健身实施计划(2016—2020)》主要任务指标完成良好,50%以上市、县(区)建有全民健身活动中心,85%的乡镇(街道)建有便捷、实用的体育健身设施,609个乡镇(街道)已建成"三个一"(室内全民健身中心、乡镇全民健身广场、多功能运动场或笼式足球场)。

表3-8　2020年安徽省农家书屋图书资源更新类别

| 政经类 | 科技类 | 文化类 | 医卫生活类 | 少儿类 | 其他类 |
|---|---|---|---|---|---|
| 3% | 2% | 52% | 4% | 37% | 2% |

注:数据来源于课题组调查结果。

## 二）文化基础设施的管理主体

推进乡村振兴全面展开,基础设施建设是关键,其中文化基础设施建设是重中之重。党和国家对文化基础设施建设的支出逐年增加,截止到2020年,我国政府对县及县以下文化事业的财政拨款高达587.3亿

元。在政府的扶持下,农家书屋在行政村的建设基本达到全覆盖,体育健身场所覆盖率不断增加,农村戏剧舞台的建设量逐年增长,文化产业配套设施也在逐步完善。公共文化基础设施建设遵循政府出资、村民自主管理的原则。在这一过程中,农村公共文化基础设施的管理、维护由谁负责是突出问题,文化基础设施的管理主要分为专人管理和村干部代为管理两种模式。

### 1.专人管理

专人管理遵循村民自主管理的原则,分为三种模式:雇佣模式、委托管理模式和退休乡贤管理模式。其中,雇佣模式需要定期支付工资;委托管理模式是委托农村中的文艺活动组织进行管理,属于文艺活动组织为农村文化发展做贡献,因此不需要支付工资;退休乡贤管理主要是出于自愿的行为,对工资没有要求。政府财政拨款都集中在文化基础设施的建设方面,未考虑到管理和维护费用的支出,"外部输血"只能够保障基础设施的建设,农村缺乏经济活力,就丧失了利用地方特色"内部造血"的能力,管理和维护费用无人支付,因此很少推行专人管理的模式,大多采用村干部代为管理的方式。

### 2.村干部代为管理

村干部负责村里的日常管理事务,十六届五中全会上提出扎实推进新农村建设的任务,村干部不断落实政府下达的指令,大力宣扬党政重点工作,在工作之余还进行文化基础设施的管理与维护工作,加大了村干部的工作量,使得村干部无法抽出时间去管理和维护文化基础设施,在很大程度上也会分散村干部的精力,降低村干部的工作效率。从工资水平上来看,村干部的工资普遍较低,负责文化基础设施的管护工作并不能使其获得额外的工资。为了维持一家生计,村干部除了处理村中事务,大部分时间用来发展副业以取得收入,严重挤压了对于基础设施管护工作的时间,使大多数文化基础设施都处于荒废的状态,难以发挥其作用,严重背离了政府出资建设的初衷。

### (三) 典型案例分析

　　岳乔村是 2008 年 3 月由岳桥、尖山整建制撤并而成的,村活动场所设在尖山。辖前王塘、尖山、蒋家、牛汪、时庄、后王塘、胡寨、岳家、乔家、后马家 10 个自然村,区域面积 6.7 km²,人口 4 430 人,2 个党支部,党员 103 名。岳乔村与顺河村、周寨村、王垅村、王井涯村、马场村、万桥村、祝窑村、鹤山村、魏庄村相邻。岳乔村附近有新汴河水利风景区、宿州市博物馆、涉故台(陈胜吴广起义旧址)、宿州基督教福音堂、宿州烈士陵园、九女坟等旅游景点,有符离集烧鸡、宿州王枣子、夹沟香稻米、宿州乐石砚、五柳蘑菇鸡、栏杆牛肉等特产,有花鼓戏(宿州市)、埇桥马戏、淮北梆子戏(宿州市)、宿州乐石砚制作技艺、符离集烧鸡制作技艺、埇桥唢呐制作技艺等民俗文化。岳乔村位于顺河镇北部,距宿州市区 20 千米,南临 303 省道,西临 206 国道,交通便利,文化底蕴深厚,自然资源丰富,生态环境优美,岳乔村处于埇桥区规划的乾山旅游发展片区核心区域,区位优势明显,特色产业发展突出。

　　据宿州市文化和旅游局 2021 年 11 月 25 日发布的《宿州市围绕"四个一"推动乡村文化振兴》可知,着力建设"市、县有馆,乡镇有站,村有中心"的四级公共文化网络。截至目前,全市共建成乡镇综合文化站 110 个,村级综合文化服务中心 1 318 个,覆盖率分别达到 100%和 99.7%,基本实现乡村公共文化设施全覆盖,为基层公共服务效能提升提供了强有力的支撑。

　　岳乔村现有村级公共服务中心约 1800 米²,建有公共文化服务中心,正在大力推进文化馆、图书馆新馆建设,有 8 个文化体育广场,面积超

5 000米²,建有村级公路36千米,村级道路126千米,安装路灯482盏,农村戏剧舞台覆盖率逐渐增加,利用当地特色产业和文化推动经济发展,不断完善配套基础设施建设。村民文化活动形式多样化,书法、唢呐、曲艺、广场舞、篮球等球类运动都有很多爱好者,他们共同组建团队丰富文化生活。充分利用农村文化大舞台、农家书屋、广播、文化宣传栏等阵地,开展乡风文明教育,让群众在潜移默化中形成文明新风尚。岳乔村还注重挖掘整理当地的特色文化、乡土文化,留住"乡愁",常态开展文艺演出、电影放映、广场舞、杏花节、民俗表演、猜灯谜、读书活动等丰富多彩的文化活动。2022年元旦前夕,区文联在岳乔村挂牌设立'创作采风基地、服务联系点',并多次举办书画笔会活动,邀请省级非遗项目"埇桥剪纸"传承人两次到岳乔村举办剪纸作品展和教学活动。邀请宿州市文旅局在岳乔村举办了两期乡村振兴题材戏曲创作研讨会。

利用当地文化产业不断完善基础设施建设。岳乔村风景区有力泉、不老泉、无影山、情人石、杏花谷、尖山观景台、二郎山、农耕文化广场、婚恋文化主题公园、林下生态经济观光园等;农产品如岳乔蜜薯、林下散养鸡、土鸡蛋等已形成品牌,石榴、桃、杏、李子等水果质优味美,颇受青睐。岳乔村坚持"文化引领、产业带动"发展思路,使乡村文化资源和自然资源得到有效保护和利用。岳乔村山林资源生态良好,人文历史、传说故事、农耕文化世代相传。利用独特的山水、人文资源发展文旅、农旅融合产业。按照"生态建设产业化,产业发展生态化"的发展思路,旅游方面现已建成了农耕文化广场、灵石观瀑等近10个景点,建成游客服务中心、旅游导示牌,配置两台旅游观光车,实施了村部和灵石观瀑景区亮化工程等。现有管理员、环卫工等20余人参与景区服务,区文旅局安排3人下派岳乔村作为乡村振兴驻村工作队。同时岳乔村正在谋划延伸开发采摘、农家乐等项目,进一步拓宽村级集体经济发展渠道。利用已建成的近200亩石榴园,采取立体种养新模式,发展特色种养业等林下经济,建起一个集果品生产、生态花海、乡村旅游于一体的彰显经济、生态、社会效益的现代农业示范基地。林下套种的土豆、蜜薯、花生等农作物连年丰收,林下养殖的土公鸡、土鸡蛋供不应求,生产的石榴加工成石榴汁,市场销售良好,村集体经济收入连续两年超百万元。2022年建成安徽省A级旅游村庄。岳乔村成为文旅融合、农旅融合的发展示范村。

文旅、农旅产业的融合发展,让广大村民得到了实惠。村集体经济发展,流转土地和增加就业岗位,让农民增加了收入。岳乔村农产品如岳乔蜜薯、岳乔土公鸡等品牌化打造,进一步增强了岳乔村村民干事创业的勇气。岳乔村认真贯彻绿水青山就是金山银山的理念,确保山清水秀,村庄颜值更靓,村民生活环境得到彻底改变。岳乔村有数百亩山杏,春季花开时节,景色宜人,游人如织,扩大了农产品的销售渠道。乡风文明建设,让群众的获得感、幸福感显著提升。

岳乔村正在谋划乡村规划,把丰富的农业资源和文旅融合、农旅融合发展转化成乡村振兴的支撑点。进一步加大乡土人才培训力度,培养更多为实施乡村振兴提供支撑的农村实用人才。采用多种形式,扩大对外宣传,提高岳乔村的知名度和美誉度。充分发挥文化赋能作用,大力发展文旅产业,培育乡村发展新动能。岳乔村灵石观瀑夜景(图3-1),建

图3-1　岳乔村灵石观瀑夜景　　　图3-2　剪纸教学活动:2022年三八妇女节
埇桥区进行剪纸教学

图3-3　散养鸡：岳乔林下养殖产业

图3-4　景区导示牌：主要路口部分景
点导向指引

图3-5　岳乔村农耕文化广场

成于2018年，2021年进行亮化，景区内有情人石、绵羊山、连理枝、鲤鱼跃龙门等景点。

## 第四节　文化基础设施建设与管理存在的不足

### 一　供给质量不高

推进供给侧结构性改革是党中央治国理政的重要战略部署，在文化基础设施建设与管理方面也存在供给侧的问题，推进基础设施建设供给侧改革要从提高质量出发,使文化基础设施满足人民精神所需,不断提高农民的科学文化素质和思想道德修养。供给质量不高主要表现在供给数量与质量差异较大、未考虑村民实际情况、管护不到位等方面。

### 1.文化基础设施的覆盖率与利用率存在很大问题

在国家政策的大力支持下,东、中、西部地区纷纷开展文化基础设施建设,从2012—2020年的数据可知,农家书屋、体育健身场所、农村戏剧舞台的比例都在逐年增长,覆盖率也逐渐增加,其中农家书屋基本实现了全覆盖。覆盖率高不等同于实际利用率高,以2020年调研数据为例,农家书屋、体育健身场所和农村戏剧舞台的人均占有面积分别为0.03米$^2$、0.31米$^2$、0.07米$^2$。农家书屋的人均占有量高于全国平均水平,体育健身场所和农村戏剧舞台的人均占有量远远低于全国平均水平。根据实地调查可知,农村的基础设施大多难以发挥它的作用。农家书屋多建设在村务处、接待中心、会议室等地方,如果遇上开会时间,农家书屋就只能闭馆,一屋两用的方式大大降低了农家书屋的利用率。在农忙时节,村民直接将小麦、水稻铺到农村的主干道上,体育健身场所场地宽敞,被农民当成晒谷物的好地方,完全没有发挥强身健体的价值。戏剧舞台的覆盖率原本就远远低于农家书屋和体育健身场所,对农村居民而言,其与体育健身场所一样,都是农忙时节晒谷物的好地方。一地两用对于农民来说根本就没有两用一说,只作为停车和晒谷物的场所,利用率十分低。

### 2.文化基础设施建设初衷与农民的实际情况不匹配

政府制定政策完善农村地区文化基础设施建设时未考虑农民实际情况。农家书屋、体育健身场所和农村戏剧舞台等都是政府出台的惠民工程,其目的是为了丰富农民的精神世界,提高文化水平,进而促进农村经济的发展。在城乡差距扩大的情况下,农村的人才外流现象严重,有

文化、有素质、有能力的农民匮乏,留下来的多为幼儿和老者,文盲较多。农家书屋的初衷是增加农民的阅读量,而部分图书专业性太强,大量农民存在读不懂、看不会的问题;体育健身场所是为了让农民强身健体,然而大量农民会存在一种误区,将农忙的累等同于体育锻炼,在闲暇时间尽量多休息,少运动;建设戏剧舞台是为了丰富农民精神世界,因戏剧演出时间不固定,且与农民的闲暇时间难以重合,在互联网时代下,农民更倾向于用智能手机去搜寻自己想观看的视频,进而丰富自己的精神世界。

### 3.基础设施的管理和维护得不到重视

文化基础设施存在的质量问题主要在于对管护工作的忽视。改革开放后,三农工作的重要性凸显出来,十九大指明了全面建成小康社会后农村发展的方向与地位。农村要发展,文化必须摆在重要位置,必须完善公共文化基础设施,为推进新农村建设打下坚实的基础。财政支农的款项下发到县镇村中,各级部门加快落实国家政策,着力建设农村公共文化基础设施。供给数量不断增加,覆盖率不断提高,供给质量却未得到保障,政策执行者对于基础设施建成后该如何利用,如何使现有设施效用最大化,如何管理与维护,没有一个具体的执行方案去促其发展,导致文化基础设施的破损率、荒废率逐渐增加。

## 二 建设与管理脱节

建设是前提,管理与维护是文化基础设施建设的关键。全面推进乡村振兴战略首要条件是以文化作为切入点,不断完善文化基础设施建设,为乡村振兴打下坚实的文化和物质基础。政府每年投入大量的资金来建设文化基础设施,建设成果十分显著,但后续的管理问题却无人关注。由于基础设施的供给质量和使用效率低,以及使用不规范、管理不到位和维修不及时等,造成了建设与管理严重脱节的现象,究其原因,主要在于管理人员配置不足、宣传力度不足等。

**1.管理人员的配置不足问题是文化基础设施管护缺失的主要原因**

管理人员的配置影响文化基础设施的管护效果。管护主要分为两类:村干部兼职管理和专人管理。根据调查结果,采取村干部兼职管理模式的约占90%,采取专人管理模式的约占10%。由于资金不足,专人管理的比例很低,大部分都是村干部代为管理。村干部身兼数职且工资低是管护工作无法正常开展的主要原因。首先,村干部的基本工作是处理村中日常事务,去村民家中访问,了解其家中基本情况,调节村民家庭矛盾;其次,在乡村振兴的大背景下,政府出台各种关于农业农村发展的政策文件并由村干部作为领导班子带头实施,村中开会、镇里开会甚至县里的会议,各种大小会议占据了村干部的大量时间,使其任务繁重;最后,编制内岗位减少,村干部数量少和工资低。我们在2020年调查发现,只有少数村庄存在村干部补助的支出,绝大多数村庄没有专门开设村干部补助这一专款补贴,村干部为维持家庭开销,通过外出打工和经营生意等方式来增加家庭收入。鉴于上述三种情况,村干部在公共文化基础设施建设方面难以分出精力进行管护。

**2.农村文化基础设施在宣传上有较大的缺失**

应大力宣传基础设施有益之处,促进村民积极参与管护工作。文化基础设施是由政府主导、村民自主管理的一项惠民工程,但是村民普遍存在一种"皇权不下县"的错误思想,认为政府的举措与他们普通人毫无关系。受制于地形因素,地处平原地区的农民对文化基础设施的了解度要高于地势崎岖的山区,很多地区的农民对于村中建设的农家书屋、体育健身场所等文化基础设施不了解,这也反映了乡镇干部在宣传力度上

的不足。地势崎岖的地方,村干部可通过走访、电话、广播等方式将政府的惠民政策普及到每家每户,发挥人民当家做主的主人翁精神,为文化基础设施的管理和维护贡献一分力量。

### 三 文化基础设施维护的可持续性问题

文化基础设施建设如何能够持续发挥作用是政府普遍关注的问题。安徽省创新农家书屋+PC端网站、农家书屋+手机App、农家书屋+微信订阅号等多种阅读方式;支持农村体育团体发展,积极组织体育健身活动;全省坚持正确导向,精心策划,推进文艺事业发展,开展送文化下乡等活动。随着时代发展,各省市不断探索新思想、新方法、新渠道以提高基础设施的利用率。在提高利用率的同时,如何对设备进行维护使其发挥的作用更有效、持久,可以从财政拨款、供给方式和农民意识三个方面来探讨。

#### 1.政府扶持资金分配不均衡

政府对基础设施建设投入大量资金,在后续的管理与维护上投入较少。管护资金的支出体现在管护人员的工资方面。管护工作主要分为设备清扫、设备维修、网络运营、现场安排这几类。对管理工作进行详细规划有利于维持基础设施建成的原貌,从而提高农民使用建成设备的意愿。据实际情况来考虑,农村基础设施覆盖率很可观,愿意花费大量资金进行建设,但对于管护工资的支出却无人重视,政府"短平快"的发展策略只能解决覆盖率的问题,但对于是否能够持续发展的问题无法保证。政府应该科学制定投入政策,在现阶段的投资中,考虑建设效果和可持续发展的因素,并在下一阶段的政策制定中将其他影响可持续发展的因素考虑进去,资金的分配在建设和管护工作中要有所侧重,资金更多流入管护领域,在建设与管护之间形成"建设—管护—再建设"的良性循环,从而提高基础设施的供给质量和利用率,促进建设与维护的可持续发展。

## 2.供给方式与农民实际需求相适应

偏远地区的农村,丧失了很多获取知识的机会,农家书屋、体育健身场所、农村戏剧舞台等的建设解决了农村文化基础设施匮乏的现象。在当下,传统的文化基础设施建设已经不能满足农民的文化需求,基础设施的利用形式急需转变。随着宽带互联网的普及,行政村内网络通信设备基本实现全覆盖,农家书屋创新互联网+模式,通过网站借阅书籍、手机APP阅读等拓展阅读方式,使地处偏远无法到书屋内阅读书籍的农民坐在家中就能学习。对于农家书屋来说,其所提供书籍的种类也应根据农民需求不断进行调整,首先农业类的书籍要占绝大部分,农民以种地为主,在农业劳动中遇到的难题可以查看相关书籍。其次,少儿类的书籍也要占有一定的比例,农村留守儿童数量多,但获得书籍的渠道单一,农家书屋是他们阅读书籍的唯一来源,因此要不断提高少儿类书籍的供给比例。最后,科技、经济、医疗卫生等类别的书籍也是必不可少的,在应对突发事件时,了解基础的医疗卫生等知识能够帮助农民减少很多不必要的麻烦。

农村体育健身场所的覆盖率很高,但大多数村民不了解体育健身活动的种类,村干部要组织农民集体观看体育赛事,鼓励村民自发寻找适合开展的活动,针对已有设备策划和组织体育活动,让大家参与进来,创建农村运动队、广场舞团队等,将体育健身场所有效利用起来。农村戏剧舞台为文艺活动的开展提供了场地,依据目前实际情况来看,受疫情影响,各省市以及中央的艺术团体赴农村演出的概率大大降低,戏剧舞台只能依靠村民自发组织文艺活动来提高利用率,政府以购买版权的方式,将各类艺术团体的演出视频在戏剧舞台上播放,通过网络直播让农

民观看即将出演的艺术活动,给农民带来视觉上的冲击,让农民感受艺术之美。通过财政激励以及竞赛的方式鼓励村民积极创建艺术团体,对于表演效果好的团队给予奖励,提高农民对艺术的热情和追求。创新文化供给方式提高村民对文化基础设施的利用率,以高利用率促进管护水平的提升,进而达到文化基础设施可持续发展的目的。

### 3.农民当家做主意识不强

群众是社会历史发展的主体。坚持人民主体地位,实现人民当家做主是中国共产党的内在要求,中国共产党在成立之初,致力于建设人民当家做主的新社会,保障人民权益。党的十八届五中全会提出,坚持共享发展,必须坚持发展为了人民、发展依靠人民、发展成果由人民共享,全心全意为人民服务是党一切活动的出发点和落脚点,必须坚持人民主体地位,牢固树立人民当家做主意识。农村文化基础设施建设是一项惠民工程,是为了服务于农民而建设的。在农村中,农民当家做主的意识不强,普遍认为国家做任何决策都与他们无关,都是村干部的责任,农民不享受权利,只履行义务。文化基础设施由政府建设,村民自主进行管理,给了农民较大的自主权,怎么用、何时用、如何管理等都由村民自行商量决定。但当前的情况与政府建设的初衷相背离,要不断提高农民当家做主的意识,维护自身享受文化的合法权益,将文化基础设施作为自家的事情来管理,积极参与基础设施的管理和维护工作。农民是基础设施建设和管理维护的中介,在享受文化带来的益处时,以主人翁的姿态不断推动管护工作的完善,进而促进基础设施覆盖率不断提高。

## (四)城乡不平衡问题

党的十九大报告指出,新时代的主要矛盾发生变化,目前需解决的是人民日益增长的美好生活需要与不平衡不充分发展之间的矛盾。我国加强对农业农村的投入力度,大力实施乡村振兴战略,提高农村文化基础设施覆盖率。城乡在经济发展水平、优秀人才以及地理位置上都有较大差距,这些差距在农村文化基础设施建设与管护上都有所表现。城乡不平衡问题从政府视角来分析表现为应如何缓解农村文化基建存在的问题。

### 1.农村缺乏"内部造血"能力

二元结构造成了城乡经济发展不平衡,使二元文化结构更加明显。农村与城市相比,经济发展相对落后,文化基础设施建设以政府为主导,主要依靠政府投资推动农村地区发展,发展活力不旺盛。文化基础设施建设首要问题是资金的投入。以60%的比例来划分文化基础设施建设投资主体作为参考,据调查数据显示,2016、2017、2019年农家书屋政府主导的资金投入分别占拥有书屋村庄的80.95%、75.67%、65%,村民自筹占主导地位的比例为11.9%、18.91%、20%;体育健身场所政府投入占比为80.95%、85.71%、55%,村民自筹占比为9.5%、10.71%、35%;戏剧舞台政府投入比例分别为60%、75%、45.45%,村民自筹比例分别为20%、25%、45.45%。由以上数据可知,政府在文化基础设施建设中一直处于主导地位,而村中没有经济来源,加之村民自发建设基础设施的意愿较低,因此村民自筹资金建设文化基础设施的比例较低。从整体趋势上来看,村民自筹的比例逐渐提高,政府占比逐渐降低,仅仅依靠政府资金投入和村民自发筹建远远不能解决问题。政府通过提供减免税收、颁发奖状等激励政策,鼓励城市企业、社会团体和个人的资金流入农村,提高农村文化基建和管护水平,加快农村文化基础设施建设和发展。如表3-9所示。

表3-9　2016、2017、2019年农村文化基础设施建设出资主体

| 年份 | 2016年 | 2017年 | 2019年 |
|---|---|---|---|
| 书屋政府出资超过60%村庄数/个 | 34 | 28 | 13 |
| 书屋村民自筹超过60%村庄数/个 | 5 | 7 | 4 |
| 体育健身场所政府出资超过60%村庄数/个 | 17 | 24 | 11 |
| 体育健身场所村民自筹超过60%村庄数/个 | 2 | 3 | 7 |
| 戏剧舞台政府出资超过60%村庄数/个 | 3 | 12 | 5 |
| 戏剧舞台村民自筹超过60%村庄数/个 | 1 | 4 | 5 |
| 书屋政府出资占比/% | 80.95 | 75.67 | 65 |
| 书屋村民自筹占比/% | 11.9 | 18.91 | 20 |
| 体育健身场所政府出资占比/% | 80.95 | 85.71 | 55 |
| 体育健身场所村民自筹占比/% | 9.5 | 10.71 | 35 |
| 戏剧舞台政府出资占比/% | 60 | 75 | 45.45 |
| 戏剧舞台村民自筹占比/% | 20 | 25 | 45.45 |

注:数据来源于课题组调查。

**2.建立人才激励制度**

人才在文化基础设施供给渠道的创新中发挥着重要作用。随着工业化、城镇化的发展,农村的资金、劳动力、土地等其他生产要素流入城市,大量青壮年劳动力外出打工、上学,使出身于农村的优秀人才流失,包括教育行业的从业人员、传统工匠、民间艺人、专业化种植人才等,使农村因缺乏专业化人才而发展缓慢。文化基础设施由于缺乏人才而导致管理不善,管理人员以村干部为主体,存在着知识储备不足、年龄结构偏大等问题,在"互联网+"的时代,传统意义上的村干部无法跟上时代发展,农村文化基础设施建设和管护急需大量有能力、有知识、有经验的高素质管理人员创新文化基础设施供给方式,网络的建设与维护、系统修复、发布公告、提供线上咨询服务、设备的清扫和维修都需要专业化人才,农村交通不便、位置偏远、经济发展落后制约了人才的回流,使农村

不具备吸引人才的条件,农村文化基础设施就很难发挥其有效性。在当前形势下,大学生就业难,政府与高校应联手创建农村专项服务计划,建立人才输送渠道,提供就业岗位。毕业生回到农村工作满足相应期限后,在考公、考编等就业方面享受优惠政策。建立激励机制引导优秀人才回到农村发展,不断提高农村人才队伍质量,优化农村人才结构,使农村文化基础设施建设与管护水平实现由量到质的飞跃。

# 第四章

# 农村应急设施的建设与管理

## 第一节 农村应急设施的分类

### 一 应急避难场所

应急避难场所是为应对地震等突发事件,配置应急保障基础设施、应急辅助设施及应急保障设备和物资,用于因灾害产生的避难人员生活保障、集中救援的避难场地及避难建筑。避难场所的选择需充分利用城乡现有或拟建的空旷场地(如公园、绿地、广场、学校操场等),抗灾能力较高的建筑工程(如体育馆、会展中心、校舍)等设施。灾害事故发生后的应急避难和受灾者安置是减少人员伤亡的核心活动之一,应急避难场所在降低社区脆弱性和灾后维持受灾者正常生活、恢复社区建设等方面均发挥着重要作用。因此,在灾害事故发生前有必要进行应急避难场所相关标准建设,以保证应急避难场所在灾害事故中发挥最大作用。我国的应急避难场所建设,以2002年朝阳区元大都城垣遗址公园应急避难场所试点为起点。此后,在《地震应急避难场所:场址及配套设施》(GB 21734—2008)、《防灾避难场所设计规范》(GB 51143—2015)、《城市社区应急避难场所建设标准》(建标180—2017)、《城市综合防灾规划标准》(GB/T 51327—2018)等国家规范颁行的背景下,我国已在338座城市中(不含香港、澳门、台湾)建立应急避难场所数量总计达13 880处,在数量上初具规模。

**1.应急避难场所保障方式**

根据保障能力的不同,基本有四种方式。

第一,永久保障型:平时预先设计和建造,设防水准和功能保障水平足以支撑在相当于设定防御标准灾害影响下的安全使用,临灾时期、灾时可以启用。

第二,紧急转换型:平时预先设计和建造,所采用的设防水准较高,主体结构安全可充分保证,设定防御标准下只可能发生基本完好或轻微破坏,尽管可能存在影响应急功能的非结构构件或配套设备设施破坏的潜在风险,但通常采取了一定的抗灾措施,可以允许应急功能紧急恢复。

第三,紧急引入型:对于第一、第二项之外的其他类型建筑工程,抗灾性能好、主体结构安全可充分保证,设定防御标准下只可能发生基本完好、轻微破坏,存在可能影响应急功能的非结构构件或配套设备设施破坏的潜在风险,通常未进行专门设计和建设,可能发生的破坏对其损坏部位和程度对应急指挥、住宿等影响轻微,可及时修复,配合灾后应急评估与处置对策,进行应急使用选择或紧急设置、建造。

第四,定期储备型:对于平时很少使用的设备、物资,可根据灾害应对水平,在区域、城镇或城镇分区范围内统筹储备、定期更新,临灾时期、灾时和灾后调拨使用。

**2.应急避难场所的分类**

第一,根据避难时序性,应急避难场所可分为紧急应急避难场所、固定应急避难场所、中心避难场所三种类型。①紧急应急避难场所:一般用于地震等突发事件的初发时期,是避难疏散人员集合并转移到固定避难疏散场所的过渡性场所,紧急应急避难场所一般服务范围在1 km²之内,属于居住小区或组团的规模范畴,可与居委会、社区的管理相衔接,便于平时的维护和灾后的使用管理。②固定应急避难场所:供避难人员较长时间避难和进行集中性救援的场所。具备应急管理、医疗卫生救护、物资分配、公共服务和短、中、长期住宿等功能,根据情况可考虑配置综合性公共服务设施,一般用于地震等突发事件发生一天以后,是避难疏散场所人员集中生活和救治的稳定场所。③中心避难场所:避难疏散场所规模等级最高,功能较全,具有城市重建的指挥功能,在满足固定避难场所配套设施的基础上,增加应急指挥和直升机停机坪等综合救援设施的设置要求。

第二,根据应急避难场所的安置时限和功能,可分为三类:①三级应急避难场所:三级应急避难场所为街道、社区或大单位级。一般规模不少于2 000米²可用面积,可容纳1 000人以上,可供受灾居民避难(生活)10天以内,服务半径500米左右。主要用于发生灾害时,在短期内供受灾人员临时避难,灾难预警后,5~15分钟内应可到达。配置要求:三级应急避难场所应设置满足应急状况下生活所需帐篷、活动简易房等临时用房,临时或固定的用于紧急处置的医疗救护与卫生防疫设施,供水管网、供水车、蓄水池、水井、机井等两种以上的供水设施,保障照明、医疗、通信用电的多路电网供电系统或太阳能供电系统,满足生活需要和避免造成环境污染的排污管线、简易污水处理设施,满足生活需要的暗坑式厕所或移动式厕所,满足生活需要的可移动的垃圾、废弃物分类储运设施,棚宿区周边和场所内按照防火、卫生防疫要求设置通道,并在场所周边设置避难场所标志、人员疏导标志和应急避难功能区标志。②二级应急避难场所:二级应急避难场所为区级(含新区)。一般规模不少于1.5万米²可用面积,最少可容纳1万人以上,可供受灾居民避难(生活)10~30天,服务半径1 000米左右。主要为重大灾难来临时的区域性应急避难场所,灾难预警后,在半小时内应可到达。配置要求:二级应急避难场所在三级应急避难场所的建设基础上,在棚宿区配置灭火工具或器材设施,根据避难场所容纳的人数和生活时间,在场所内或周边设置储备应急生活物资的设施,设置广播、图像监控、有线通信、无线通信等应急管理设施。③一级应急避难场所:一级应急避难场所为市级。规模一般在15万米$^2$可用面积以上,可容纳10万人以上,可供受灾居民避难(生活)不少于30天,服务半径5 000米以内。为特别重大灾难来临时,灾前防灾、灾中应急避难、灾后重建家园和恢复城市生活秩序等减轻灾害的战略性应急避难场所,灾难预警后,通过半小时到2小时的摩托化输送应可到达。配置要求:一级应急避难场所在二级应急避难场所的基础上,在场所附近设置应急停车场,设置可供直升机起降的应急停机坪,设置洗浴场所,设置图板、触摸屏、电子屏幕等场所功能介绍设施。

## （二）应急指挥场所

应急指挥场所是一个充分利用现代网络技术、计算机技术和多媒体技术,以资源数据库、方法库和知识库为基础,以地理信息系统、数据分析系统、信息表示系统为手段,实现对突发事件数据的收集、分析,对应急指挥的辅助决策,对应急资源的组织、协调和管理控制等指挥功能。场所的设计应满足《建筑设计防火规范》(GB 50016—2014)、《建筑内部装修设计防火规范》(GB 50222—2017)等相关规范要求,选用合格的设备、材料等。装饰装修后的指挥中心应满足《计算机场地通用规范》(GB 112887—2011)、《计算机场地安全要求》(GB 119361—2011)及网信技术系统标准等对供电、安全、噪声控制、防静电、照度、温度、湿度、环保等方面的要求。

应急管理可分为平时和战时两个不同的反应状态。平时进行值班

接报、预案管理、应急物资管理、灾害监测预警、培训演练,完成支持基础数据、专业数据、决策数据的采集、更新、查询、分析;在战时以GIS、视频监控、通信为基础,实现及时准确的突发事件数据采集与分析、定性定量判断、领导决策、行动部署、行动跟踪、指挥协调、现场支持、应急资源调度、知识管理、灾后评估等应用功能,为政府应急管理的全过程提供科学的预警能力、便捷的通信支持、有效的资源整合、合理的事件处置、快速的信息查询等功能。

### 三 应急通道

根据《城市抗震防灾规划标准》(GB50413—2007)的名词解释,应急通道专指为应对突发地震应急救援和抢险避难、保障震后应急救灾活动的交通工程设施,通常包括救灾干道、疏散主通道、疏散次通道和一般疏散通道。其中,救灾干道指保障城市对内、对外救援和疏散以及应急指挥等重大救灾活动有效进行的交通设施,疏散主通道指保障城市内部疏散和大面积人员救援、物资运输等重要救灾活动有效进行的交通设施,疏散次通道指保障城市一定范围内主要救灾活动有效进行的交通设施,一般疏散通道指保障发生灾害时能尽快疏散人群和救灾的应急通道。

#### 1.一般要求

第一,应急道路系统规划需要考虑与村镇居住区、避难场所、医院和消防站等的有效连接。

第二,应急道路系统应规划成网状结构,形成多个迂回线路或留有冗余线路,即使灾时部分道路阻塞,也可以通过迂回线路到达。

#### 2.应急道路

第一,村镇应急道路划分为三级:①救灾干路。是整个县域进行抗灾救灾、对内和对外交通连接的主干路,以县城、镇对外交通主干路或干路为主要救灾干路。②疏散干路。以连接中心避难场所、固定避难场所、医疗机构和消防站等村镇主干路和干路为主要疏散干路,它与救灾干路一起形成网络状连接。③疏散支路。是镇内居民区或村庄与避难场所和应急设施之间连接的道路。

第二,应急道路有效宽度为扣除道路两侧建筑物倒塌后瓦砾、废墟影响的宽度。

表4-1　应急道路有效宽度

| 应急道路级别 | 道路有效宽度/米 |
|:---:|:---:|
| 救灾干路 | ≥7 |
| 疏散干路 | ≥4 |
| 疏散支路 | ≥4 |

注:摘自百度文库《村镇应急避难场所规划标准》。

## 四 应急物资储存设施

### 1.应急物资

应急物资是指重大突发事件发生后,可以用来保障受灾群众正常生活的物资,有比较高的时效性。在突发公共安全事件发生后,受灾点对应急物资的需求在空间和时间上发生改变,需要大量的应急物资,同时要求应急物资必须尽快调运到受灾点。对应急物资的分类有许多种标准,其中比较具有代表性,并且认可度比较高的标准是将应急物资分为广义和狭义两个种类。其中,广义的应急物资的范围涵盖应急管理的全过程,是灾害发生前的应急准备、发生时的应急监测和救援、发生后的恢复与重建所需要的所有物资的总称;而狭义的应急物资则主要是侧重在灾害发生后的初期,在对受灾群众的救援中,所涉及的和人民群众基本生存、生活息息相关的物质,例如矿泉水、帐篷、方便面等。在国家发展

改革委办公厅发布的《应急保障物资分类及产品目录(2018年)》中,将应急物资划分为三个大类,分别是现场管理和保障、专业处置、工程抢险与生活救助和生命救援等,具体包括的小类物资多达65项。从具体包括的应急物资内容来看,应急物资以消耗类物资为主,也包含一些常用的应急装备和通用产品。

### 2.应急物资储运

应急物资储运的目的是应对各类突发事件,突发事件既包括自然灾害,也包括人为灾害。其中,应急物资储存是指以对已知的风险分析为基础,为应对可能发生的,且无法躲避的灾害,提前对物资、装备等资源进行囤积,从而在灾害发生时可以第一时间保证应急救援的需要。应急物资运输是指在紧急情况下对人员、物品和装备等进行运送活动。应急物资储运是一项系统性的工程,其中所应用的主要手段是现代信息技术,因灾害发生后的应急救援具有紧迫性的特征,故这也赋予了它新目标是尽可能用最少的时间,最大可能地将物资提供给受灾地。

### 3.应急物资储存设施建设标准

应急物资储存设施是根据避难场所容纳的人数可生活时间,在应急避难场所内或周边设置的储备应急生活物资的设施,可利用应急避难场所内或周边的饭店、商店、超市、药店、仓库、企业等合作开展救灾应急物资协议储备,建立应急物资社会储备机制。场所周边的应急物资储备设施与应急避难场所的距离小于500米。如乡镇(街道)设置总面积不少于30米$^2$的应急物资(装备)储备库(站点),储备救灾所需的应急装备与物资,配备相对固定运兵车1辆。

## 第二节　农村应急设施建设与管理的现状

### 一　农村应急设施的完备度

#### 1.机构设立

第一,乡镇(街道)整合安全生产、防汛抗旱、地震和地质灾害救援、森林防灭火、灾情管理、自然灾害救助、综合减灾等资源力量及相关应急管理职能,明确一个机构承担应急管理相关工作。

第二,乡镇(街道)负责应急管理工作的机构实行规范化管理,明确1名分管领导和不少于2名应急管理人员,落实基本办公设施、工作经费等,做到组织架构、工作职责、工作制度上墙。

第三,落实应急备用金制度,按相关标准保障必要的应急救援救助经费支出。

第四,乡镇(街道)负责应急管理工作的机构保持与县职能部门的协作配合,落实好日常工作要求。同时,督促指导行政村(社区)应急服务站(点)有效开展应急管理业务。

#### 2.机制管理

第一,乡镇(街道)建立由党委或政府主要负责同志任总负责人,相关部门工作人员为成员的突发事件应急指挥部。

第二,推进应急指挥中心和指挥系统建设,实现统一监测预警、统一信息发布上报、统一抢险救援组织、统一应急指挥。

第三,建立预警信息发布和转移避险制度,构建多方参与的社会动员响应机制,做实"党建+应急管理",确保预警信息有效传导到村到户到

人,及时组织人员转移避险。

第四,严格落实24小时值班值守制度,建立灾害信息报送和灾情信息统一发布机制。

第五,建立风险评估、隐患排查、救灾救助、恢复重建等制度。

第六,建立应急管理行政执法机制,积极履行应急管理执法职责。

### 3.预案设置

第一,乡镇(街道)根据县(市、区)政府及有关部门应急预案,结合本地实际,编制突发事件总体应急预案和工作手册。

第二,针对不同突发事件的性质、特点,结合本地实际,编制安全生产、森林防灭火、防汛抗旱、地质灾害等专项应急预案和工作手册。

第三,根据预案演练和实施情况,每年至少修订完善1次各类应急预案,提升预案的针对性和可操作性。

第四,指导行政村(社区)编制综合性"多案合一"的应急手册。

### 4.队伍部署

第一,乡镇(街道)推进"一专多能、一队多用"基层综合性应急救援队伍建设,以辖区内可调动的应急队伍力量为基础,组建一支不少于30人的应急救援队伍,处置或参与处置辖区内安全生产、自然灾害等突发事件。

第二,督促指导行政村(社区)根据实际组建一支不少于10人的应急救援队伍,实行统筹训练、统一调度,提升基层群防群治能力。

第三,辖区内生产、经营、存储危险化学品的单位以及矿山、金属冶炼、建筑施工等单位应建有应急救援队伍;生产经营规模小的,应有兼职应急救援人员。

第四,整合现有山洪地质灾害群测群防员、水库巡查员、护林员、灾情信息员、安全生产管理员等网络资源,与综治、消防网格员融合,实行

"多员合一",推进应急管理工作融入基层社会治理"一张网"。

第五,积极引导防灾减灾救灾、安全生产、应急救援等领域社会组织参与辖区防灾减灾救灾活动。

### 5.物资准备

第一,乡镇(街道)根据本地主要灾种和应急救援任务需要,设置总面积不少于30米²的应急物资(装备)储备库(站点),储备安全生产救援器材、防汛抗旱器材、森林防灭火及消防器材、生活类救灾物资等应急装备与物资,配备相对固定运兵车1辆。

第二,加强应急物资装备的日常管理,建立使用和维护保养制度和储备清单,明确各类应急物资装备的最低储备标准,及时向上级部门报告储备品种和数量,实现统一管理、统一调度。

第三,建立应急物资社会储备机制,与辖区内或邻近超市、企业等合作开展救灾应急物资协议储备。

第四,结合《省级家庭应急物资储备建议清单》,引导本乡镇(街道)的家庭储备一定的应急物资。

### 6.培训演练

第一,围绕灾害预警、灾情报送、救灾救助、隐患排查、转移避险等内容,每年至少开展1次对灾害信息员和应急管理网格员的业务培训。

第二,乡镇(街道)每年至少组织1次对辖区内应急救援队伍的集中训练。

第三,每年至少组织1次综合性应急演练、防灾减灾救灾科普宣传教育以及安全宣传"五进"活动,鼓励、引导群众积极参与应急管理工作。

第四,指导村(社区)针对辖区内突出灾害风险组织开展应急演练。

### 7.场地设施

第一,设立应急服务站(点),协助做好属地应急管理工作,明确开展

应急服务的工作区域。

第二,按人均不少于0.5米²的标准因地制宜明确应急避难场所。在应急避难场所、关键路口等醒目位置,设置安全应急标志或指示牌,张贴应急疏散路径示意图。

第三,在重大风险隐患点设置风险隐患告示牌。制定并落实风险隐患防控责任清单、避险转移责任清单、灾后救助责任清单。

### 8.物资建设

第一,村(社区)设置总面积不少于20米²的应急物资储备点,储备必要的应急救援工具以及基本生活物资,并建立台账,做好日常管理维护和更新。

第二,按照"九个一"(一件雨衣、一件救生衣、一双雨靴、一把强光手电、一根救援绳、一个警报器、一个大喇叭、一本应急通信录、一套灾情登记本)标准,为村级应急管理员配备基本工作用具。

第三,建立应急物资社会储备机制,积极与邻近超市、企业等合作开展救灾应急物资协议储备。

### 9.工作制度

第一,明确村(社区)党组织书记(主任)为应急管理工作第一负责人。

第二,将应急管理要求纳入村规民约、社区公约。

第三,加强对个体工商户、出租房主等的管理,督促其落实应急管理主体责任。

第四,建立应急值守、灾害风险定期排查、灾情报送、救助管理、人员转移避险、应急处置等制度。

第五,建立"党建+应急管理"系统应用机制,切实把预报预警、转移避险、救灾救助、宣传教育等工作融入基层党建。

摘自:《江西省应急管理厅关于印发乡镇(街道)"六有"、行政村(社区)"三有"建设细化标准的通知》。

## 二 农村应急设施的选址

近年来,我国各类灾害、公共安全事件呈现发生频率高、种类多样及分布广泛等特点,因此,应急管理及物流等领域逐渐受到学者们的关注。研究中,通常将应急管理体系分为宏观和微观两个方面,宏观方面主要是指对应急管理的体制机制等政治制度层面的建设,微观层面则主要是指各类决策辅助技术的研究应用,所以应急设施选址研究属于应急管理体系微观层面的研究,如应急资源的优化布局问题。现实中,应急设施及资源布局使用的合理性与科学性在应急管理的效果中起着越来越重要的作用,科学合理的应急管理体系和方法技术,不仅可以提高应急救援的效果,也可以降低社会公共资源的浪费。应急设施的优化配置问题作为应急管理研究领域的重要方面之一,近年来越来越受到专家学者的重视,它主要是研究在有限的资源和救援能力下,如何确定每个设施点的位置及配置的资源量,达到最大的救援效果。因为应急设施建设具有长期性,一旦建设的地点确定以后,将在较长时间内不能移动,所以,选址结果的科学性将在很长一段时间内会对其服务水平产生影响。合理的设施布局不仅可以降低社会资源的浪费,而且可以保证理想的应急效果。所以,应急设施选址在应急管理体系建设中一直扮演着重要的角色。

"应急设施选址"自1972年Berlin在其博士论文中首次系统的提出后,随后越来越多的学者开始这方面的研究,其中关于选址模型的构建和扩展研究一直是学者们关注的重点,如Hypercube模型的构建及其扩展研究。经过多年的发展,目前国内外学者在应急设施选址方面已取得了一定的研究成果,但大多数都是通过单一目标来进行研究,且目前在

应急设施选址问题中研究最多的是集覆盖模型、最大覆盖模型及其扩展模型。其应用研究包括:结合传染病扩散模型及物资储备量的决策优化问题,通过对集覆盖模型进行改进,构建应急物资储备库的网络协同选址优化模型;基于各种设施在应急响应过程中可以广泛应用的整数规划模型;地震救灾中的配送中心选址等方面的问题;基于突发事件对应急设施服务能力的影响并构建的选址模型。因此,针对不同类型的灾害和突发事件的特点,应设定具有针对性的决策目标,以达到选址结果的科学性和可靠性,提高应急设施系统的运作效率。此外,由于影响应急设施选址的因素较多,因此,需构建多目标决策模型来较为全面地反映应急设施选址中的各项影响因素,提高选址结果的科学性和适用性。

在对"覆盖"概念和"满意度"的扩展方面,针对非常规突发事件发生后,需求点的物资需求量较大,一个设施点往往不能满足需求点对物资的短时间巨大需求的特点,提出了一个考虑备用覆盖的最大覆盖模型,即当非常规突发事件发生后,当为其服务的设施点无法足额满足需求点的需求时,由一个相同服务质量的备用设施为该需求点提供服务。此外,考虑到应急服务的多元性且各服务源提供服务时存在差异的情况,提出了多级覆盖的概念,并进一步在多级覆盖思想的基础上,结合最大覆盖模型,发展出相应的多级覆盖模型的一系列扩展模型及其算法,如通过引入最大临界距离和最小临界距离的概念,提出的多重数量和质量覆盖模型;从顾客需求角度提出了基于时间满意度的最大覆盖选址问题及其扩展模型等。此外,针对设施点的无容量限制约束假设在很多现实情况中无法实现的情况,研究者们以覆盖模型为基础提出了一系列的有容量限制的覆盖模型及其扩展模型。如以建设成本为目标函数的有容量限制的扩展模型,及需求不确定的容量限制覆盖模型,用以研究生物恐怖袭击设施选址问题,并提出了相应的定位-分配算法进行求解。

在多目标应急设施选址研究方面,通过综合考虑中位点和中心点目标函数,构建了相应的双目标模型。其应用研究包括:针对消防站选址问题中遇到的各种相互冲突的目标,构建的一种既考虑到距离和时间的目标,又考虑了相关费用目标的双目标应急设施选址模型。在此基础上,进一步发展出了考虑设施之间连通性目标的三目标应急设施选址模型。此外,还包括综合考虑应急设施公平性和效率性的多目标选址模型;考虑应急需求点的危险权重、应急救援最迅速等因素,研究了多目标应急服务设施选址与资源配置问题等。由此可见,近年来学者们根据应急设施类型的不同,研究构建了针对性更强的多目标选址模型。

此外,设施优化选址影响因素包含了很多空间信息。地理信息系统(GIS)作为新兴的边缘学科具有对空间数据输入、存储、分析和显示的功能。从这种意义上说,GIS能够帮助选址工作者更准确地确定设施的位置,这也预示了GIS在未来的选址道路上的美好应用前景。

## 三 农村应急设施的管理模式

### 1.应急公共设施的运营管理

应急公共设施是村镇公共设施中保障居民在紧急情况下的人身安全重要载体,根据村镇突发事件的类型、发生频率和强度,配置典型村镇应急公共服务设施多视角导向标识,编制村镇应急公共服务设施的使用手册,为村镇居民提供应急引导服务。村镇应急服务设施的运营和监管工作离不开一系列技术与管理模式的实施,如应急公共服务设施优化布局技术和方法,应急公共服务设施规划情景模拟技术,村镇应急公共服务设施集投资、建设、使用、维护于一体的市场化运营管理模式及管理规范,村镇应急公共服务设施运营与维护动态监控体系等。

村镇公共设施的运营管理不是简单的保管和操作公共设施,而是结

合现代化的科技与思想使得公共设施从本身简单的功能转化成具有多功能效用的设施,其关键要素是管理方案的选择与相关技术的设计和支撑,良好的运作体系帮助村镇更快地走向现代化,使公共设施可以更高效地发挥其应有的作用,如村镇批发市场与超市、集贸市场功能结合产生新的对手交易模式,可以带领村镇加速经济发展、提高核心竞争力。运营管理过程中需要与时俱进地应村镇居民所需更新设施及相关管理技术,不断地在实践中得出符合不同村镇本土发展的有特色的管理运作模式。

**2. 公共设施优化配置与运营管理发展过程**

国家对村镇公共服务设施的配置内容和要求已做出明确的规定,各省、自治区和直辖市基于国家的标准规范,结合本地区实际情况制定适用本地的公共服务设施配置标准和规范。1993年5月7日国务院第三次常务会议于通过了《村庄和集销规划建设管理条例》《镇规划标准》(GH 50188—2007)、《镇规划标准》(GB 50188—2007)、《镇(乡)村文化中心建筑设计规范》(JGJ156—2008)、《城市居住区规划设计规范》(GB 50180—1993)等;众多省市也建立了自己的标准规范,如《重庆市村镇规划建设管理条例》(1998)、《江苏省村庄建设规划导则》(2004)等。这些规范中涉及的公共设施包括行政管理、教育机构、文体机构、医疗保健、商业金融、集贸设施、生产建筑、工业用地、仓储、公用工程、公共绿地、农林种植地、交通等方面,在公共设施的选择、配置与管理方面主要依据村镇的规模、人口、资源与环境、历史、文化等情况。

西方学术界对村镇公共设施的优化配置与运营管理的研究较早,在借鉴西方已有成果,以及我国近些年城乡统筹建设下公共服务设施的实践发展的基础上,自1980年起,我国各界学者逐渐开始研究村镇公共服务设施优化配置与管理。早期对公共设施的研究主要集中在城乡统筹建设发展与公共设施的布局规划领域,如结合经济与人口布局分析各项设施建设的总部署开展的辽宁中部地区小城镇地区范围的研究;针对黑龙江省村镇建设发展问题的研究,发现基础设施的落后状态与村镇经济发展的现实需求不相适应,严重影响整个乡村的经济建设,并提出村镇的迅猛发展带来的公共设施大量投资需要有效的管理机制,不可盲目建设。因此,加强村镇规划建设需要充分发挥主管部门的积极性,要合理规划村镇住宅、企业、公共设施、公益项目等的用地布局。此外,有效利用自然环境条件,创造良好的生活环境和乡村景观是营造地方特色、吸引外部资本的一种有效方式。

除以上研究内容外,近年来多数学者对村镇公共设施优化配置与运营管理的研究还集中于公共设施配置影响因素、标准体系构建与运营管理模式领域。村镇公共设施配置的方向是以公共设施的升级来提升村镇的区域竞争力,配置的层次应结合社会结构差异,满足不同空间人群的需求,提高村镇的活力与宜居度。影响村镇公共设施配置的因素主要体现在区域经济原因、村镇居民教育程度与上级资金拨款,可将村镇分为特大型、大型和中小型,在此基础上继续根据人口数量区分中心镇、一般镇、中心村、基层村,并据此确定村镇公共服务设施的配置规模,而公共设施的配置标准应以人为本,以村镇居民生活所需为准。对于经济落后、资本难以流入、效益低下的村镇,应主要由政府部门从财政资金中拨款建设,考虑到社会主义市场经济体制下政府应适当放权,在一定范围内通过市场这只无形的手作用于公共设施的建设,既有效降低运营成本,又可以适当激发当地居民的参与意识。与此同时,"均等化"的理念非常受学者们的推崇,但是各学者对村镇公共设施"均等化"的具体定义又有所不同,包括以下两种观点:①为实现村镇基本公共设施均等化,部分学者认为可引入空间分析方法来解决公共设施的配置问题,指出调整

与优化基本公共服务设施的空间布局在划区和布点时要遵循公平原则，在最后的调整阶段要以效率原则为主；②借鉴西方发达国家的实践经验，认为追求过度的基本公共设施"均等化"会导致政府运作体系过大，反而不利于村镇的统筹发展，结合我国城乡二元结构的现状，这一制约越发突显，"均等化"的实现必须依托公共服务设施的资源配置、供给方式和管理运行的完善，且在公共设施种类、人均使用效率和各社会阶层群体利用机会三个方面实现均等。

纵观村镇公共设施优化配置与运营管理的发展历程，从以空间布局为主的配置理论到实证研究，再从实证研究中总结归纳出适用于各地村镇的通用性的配置标准，逐步具体优化配置细节与管理方式，不断融入现代化的观念与技术，最终形成严谨的、有条理的、具有较高可行性的方案。

## （四）农村应急设施建设管理的标准规范与使用流程

经过多年的努力，我国防洪、抗震、消防等许多专业领域都建立了各自的应急信息管理和应急通信系统，在各领域的应急救援工作中发挥了重要作用。然而，近年来，我国发生的一系列重大、特大公共事件，反映出我国在应急管理方面存在的问题仍然十分突出。其原因主要是我国的应急体系一直是由政府各职能部门归口管理、分兵把守、自成体系，未建立起统一指挥、分级负责、互相协调的应急管理机制；信息系统的通信平台、数据接口、数据库结构、功能要求等缺乏统一标准，无法实现互联互通和共享资源；此外，有些应急信息系统由于平时缺乏信息积累、应急演练和日常维护，也致使应急信息系统往往在关键时刻难以发挥作用。为了提高政府保障公共安全和处置突发事件的能力，最大限度地预防和减少突发事件的发生及其造成的损害，保障公众的生命财产安全，维护国家安全和社会稳定,促进经济社会全面、协调、可持续发展,依据宪法及有关法律、行政法规,我国制定并正式施行了《国家突发公共事件总体应急预案》,并已编制完成105个专项和部门预案,以及绝大部分省级应急预案,已初步形成全国应急预案体系。随着应急预案工作的深入,我国同样面临着如何发展应急技术来支撑应急预案实施的问题。我国地域广阔、地区发展不平衡、人口多、灾害事故种类繁多且形式复杂等国情使应急技术的研发相比大多数发达国家面临更大挑战,而传统的"单灾种""条块分割"的应急模式则给应急技术的发展构成体制难题。《国家突发公共事件总体应急预案》规定以国务院应急管理办公室履行值守应急、信息汇总、综合协调职能,发挥运转枢纽作用,并要充分整合现有资源,继续发挥相关专业机构的作用,逐步形成与分级响应、属地管理的纵向网络体系相适应的应急体系。

当前,我国的卫生、公安、洪灾、地震和海上搜救等专业领域都建立了各自的应急信息管理和应急通信系统,在各领域的应急救援工作中发挥了重要作用,但仍存在一定的问题。主要包括以下两个方面:从纵向上,涉及国家到省、市、县、基层的若干层次,不同层次的应急技术和应急平台在功能和要求上有着相当大的差异,其研发要与统一指挥、分级响应、属地为主的应急体制相一致,不重复建设,不浪费资源;从横向上,应急技术和应急平台的设计应能改变同级部门间条块分割、独立作战的局面,充分体现协同应急的功用。

对于应急管理来说,应急流程需要调动社会资源,预防或减少突发公共事件带来的损失,保护人民群众生命财产安全,维护社会稳定。根据应急工作的性质和特点,其主要的工作流程都应该由监测、报告、响应、处置、恢复、评估6个主要环节组成。监测是整个应急管理流程的出发点,及时响应的基础是一个完整全面的监测体系。当有可能发生突发

事件或者已经发生突发事件时,监测体系能够迅速捕捉相关信息,及时上报,尽早启动应急机制,将突发事件带来的损失减小到最低程度。报告过程承接监测过程,保证信息无阻碍地沟通。对于突发事件来说,时间意味着生命,因此及时、准确地上报监测到的信息,对于后续的工作有着举足轻重的意义。接到报告的监测信息后,相关部门要根据相应的工作流程迅速做出响应,按照事件的种类、级别等因素,迅速开展处置工作。处置工作是整个应急流程的核心,处置的目标就是尽最大可能减少突发事件带来的各种损失,处置环节是应急流程中最为复杂、最为核心的内容。在处置环节中,由于涉及面广,现场情况复杂,所有参与处置人员必须严格根据既有工作流程迅速做出处置。处置结束后是恢复阶段,这个阶段需要对群众进行安置,启动救灾工作,保险部门开展赔付工作等。评估阶段是保证整个流程能够具有可持续改进性的关键。在处置结束完成了相关恢复工作后,需要对整个工作过程进行全面的评估,评估的内容包括事故原因、处置过程、信息报送等。评估结束时要拿出相应的改进方案,只有这样才能保证整个过程具有可持续改进性。

整个应急管理流程从整体上看分为预警和响应两个组成部分。预警主要面向日常工作,响应主要面向发生了突发公共事件后的具体工作。在日常工作中,通过预警机制,监测、搜集与突发事件有关的信息,评估发生异常情况的风险,发布相关预警信息,同时及时采取相关措施,阻止突发事件的发生。如果监测系统没有监测到,或者是监测到了采取的措施却无效,最终发生了突发事件,那么需要进入响应流程。在这一阶段,要以反应灵敏、协同应对、快速高效为工作原则,本着属地管理、分级响应、标准运行的工作方针,及时处理突发事件,将事件的危害降低到最低程度。

整个响应流程可以分为3个部分和5个子流程。3个部分是基本响应流程、扩大应急流程和处置结束流程。从应急处置的整体上看,这3个部分有程序上的先后关系。5个子流程为基本响应,次生、衍生事故的预防与应对,事故扩大升级应对,应急联动,处置结束。这5个子流程中,基本响应流程是核心,是整个响应流程的起点和主干,大部分的应急工作需要围绕这个主干展开。在处置过程中,处置开始需要对突发事件有可能引起的次生、衍生事故予以评估,并采取相关措施加以预防。当突发事件继续升级时,需要启动事故扩大升级应对流程,此时参与处置的单位增多,指挥的层级上升,动用的资源也相应地增加。在将要发生或已经发生特别重大或重大突发事件时,处置过程需要其他省市部门、所在地区部队的协助的时候,就要启动应急联动流程,由应急办与相关部门沟通与协调。在基本响应流程结束以后,进入处置结束流程,此流程对应的是前文所述的恢复和评估两个环节:一方面,对群众进行安置,启动救灾工作,保险部门开展赔付工作;另一方面,对包括突发事件原因、处置过程、信息报送等内容进行全面评估,并拿出相应的改进方案。到此为止,整个应急决策与响应流程才算全部结束。

## 五 典型案例分析

北京房山区应急委员会

### 1. 基本情况

功能定位。按照《北京城市总体规划(2004—2020年)》对房山区的功能定位,房山区是北京西南区域发展的经济重心;是集聚新兴产业、带动区域发展的北京城市发展新区;是首都经济圈重要的石油化工新材料基地、新型建材基地、现代装备制造业和物流基地;是北京大都市重要的文化旅游区和绿色生态保护区;是北京西南的生命线,保证首都水、电、气供应通道安全。

区域特征。房山区位于北京西南,属于暖温带半湿润、半干旱大陆性季风气候,地处6、7、8度地震烈度地区,地理和地质环境较为复杂,水资源短缺,受多种气象灾害影响,存在诸多产生突发事件的自然条件。房山区平原、山区发展不平衡,有良乡和燕房两个卫星城,人口密集,经济活动集中;流动人口多、矿山多、工地多,存在诸多产生突发事件的社会因素。

突发事件的特点。房山区是京郊大区,历史上由房山县、良乡县和燕山区合并成区,以建筑、建材、化工、旅游为主导产业,旅游、矿产资源丰富,工地多,矿山多,景区、景点分布广泛,有一座50万伏超高压变电站,军用机场飞机起降架次频繁,多条国家级和市级公路、铁路穿境而过,交通非常发达,居住和流动人口多。山区、丘陵、平原各占三分之一,地质和地理环境复杂。以人为致灾因素为主,自然灾害频发。随着房山区新农村建设步伐加快,交通安全、生命线工程、安全生产、环境污染、危险化学品、社会火灾、森林火灾等事故灾难时有发生。因流动人口增加而导致发生重大刑事案件和突发恐怖袭击事件以及非典型性肺炎、高致病性禽流感、鼠疫、炭疽、霍乱等重特大传染病疫情的可能性大大提高。历史遗留问题多,城市居民拆迁、农村占地补偿、企业拖欠工资、关闭非法矿山企业以及其他经济社会问题引发的重大群体性上访事件、影响校园安全稳定事件等呈上升趋势,在今后一段时间内,将是房山区主要问题。灾害种类较多,致灾源点分布广泛,发生特大、重大事故的可能性较大。煤矿开采形成大面积采空区,生态破坏明显;炸药库多,库存量大;燕化公司等大型化工生产企业及原子能研究院发生危险化学品事故、核事件、放射性污染事故的可能性较大,一旦发生事故,波及范围大,危害严重。

### 2.机构设置

区应急委下设15个专项应急指挥部,分别是区城市公共设施事故应急指挥部、区人防工程事故应急指挥部、区突发公共卫生事件应急指挥部、区反恐和刑事案件应急指挥部、区电力事故应急指挥部、区建筑工程事故应急指挥部、区交通安全事故应急指挥部、区消防安全应急指挥部、区抗震救灾应急指挥部、区森林防火应急指挥部、区防汛抗旱应急指挥部、区重大动物疫病应急指挥部、区安全生产事故应急指挥部、区危险化学品事故应急指挥部、燕山地区突发公共事件应急指挥部。

### 3.主要职责

第一,在北京市突发事件应急委员会的统一领导下开展突发事件应对工作。第二,研究制定全区应对突发事件重大决策和指导意见。第三,负责本区内发生的特别重大和重大突发事件先期处置和善后工作;负责本区内发生的较大和一般突发事件指挥应对工作。第四,审定全区突发事件总体应急预案。第五,在应对突发事件中,协调与中央、市属企业、驻区部队及其他有关部门和单位的关系。第六,负责对全区年度突发事件的分析和总结。

### 4.主要工作

第一,宣传、落实区域应急工作,如防火、防病、安全生产、食品安全、交通安全、环境监管等。第二,应急演练,包括危险化学品、烟花爆竹、地质灾害、山区防汛、移动指挥车通信应急救援模拟演练。第三,应急培训,包括药品安全、农业技术员、农产品质量检测、食品安全、救护员培训等。

具体包括预测、信息管理、信息共享和处置、提供各项保障措施等工作。

(1)预测。各专项指挥部、各乡镇(街道)和各行业主管部门应加强

对可能发生的突发事件和日常工作的信息统计及分析,随时掌握发展动态,每月按时向区应急办上报统计数字及预测结果。根据市属各部门管理要求,设定各预警级别标准,当分析结果接近或达到预警标准时,要及时上报区应急办。由区信息办(信息中心)牵头,制定全区综合预警体系建设的技术标准,充分利用现代化技术监测手段,特别加强社会治安、交通、公共卫生、安全生产、气象、市政、环保、地震、森林火灾等专业部门的数字化监测基础设施建设,强化专业预警、预报信息系统建设。

(2)信息管理。各专项指挥部、乡镇(街道)、相关部门和单位应建立健全信息监测制度,规范信息获取、报送、分析、发布格式和程序,并上报区应急办批准备案。区各专项应急指挥部、相关部门及各乡镇(街道)上报突发事件信息时,对于事件本身比较敏感或发生在敏感地区、敏感时间,或可能演化成为较大突发事件的信息,必须立即电话报告区应急办,接到情况报告后于1小时内将现场发生情况以书面形式上报,并根据事态发展随时续报。区应急办及时将信息上报市应急办。

各相关部门和机构应根据各自职责分工,及时收集、分析、汇总本地区、本部门或本系统各类影响公共安全的信息,并负责收集、整理和研究发生在国内外可能对本区造成重大影响的重大突发事件信息,按照早发现、早报告、早处置的原则,预测可能发生的情况,及时上报区应急办,并及时通报给各相关部门。建立并逐步完善各类突发事件、事故隐患和危险源监测信息库,及时维护更新,做到有效监控掌握。

各部门上报涉及各类突发事件信息的内容应包括时间、地点、信息来源、事件性质、危害程度、事件发展趋势、已采取的措施等。由区应急办负责组织全区突发事件信息的汇总、分析和处理。对于涉密的重要信息,负责收集数据部门应遵守相关的管理规定,做好信息的保密工作。

(3)信息共享和处理。由区信息办(信息中心)配合区应急办建立信息共享机制,由各专项应急指挥部、各乡镇(街道)和相关部门提供必要的基础数据。

突发事件中伤亡、失踪、被困人员中包括我国港澳台人员或外国人,或者事件可能影响到境外,需要向香港特别行政区、澳门特别行政区、台湾地区有关机构或有关国家、国际组织进行通报时,各乡镇(街道)、各部门要及时向区应急办、区外事办报告详情,由区应急办、区外事办请示区应急委主要领导同意后,向市应急办汇报,并启动相关专项处置预案。

(4)保障措施。第一,指挥系统技术保障。区应急办负责建立应急指挥技术支撑体系,以满足各种复杂情况下处置各类突发事件的指挥要求。主要包括:有线通信调度系统、无线指挥通信系统、图像监控系统、计算机网络应用系统、综合保障系统、突发公共事件快速评估系统、信息报送系统、基于地理信息系统的分析决策支持系统、视频会议系统、移动指挥系统等。

区信息办(信息中心)负责组织,各专项指挥部、相关部门配合市信息办(信息中心)建设统一标准、全市共享的基础电子地图。由区信息办(信息中心)负责,各相关部门积极配合,在区应急办建立支持应急指挥决策的全区统一的基础地理信息系统,并动态更新。

区应急办、区信息办(信息中心)、各专项指挥部、相关部门和各乡镇(街道)逐步建立和完善应急指挥基础信息数据库。建立各类事故隐患和危险源监控数据库、统一规范的专业数据库、基于空间位置的应急预案库、应急决策咨询专家库、辅助决策知识库以及危机管理信息资源目录体系,做到及时维护更新,确保数据的质量,实现对突发公共危机事件应急指挥的可视化定位与分析决策支持。

第二,通信保障。区信息办(信息中心)、房山公安分局负责,区电信局和歌华有线房山分公司等部门配合成立联合指挥协调机构,统一组织

本区内各电信运营公司、有线政务专网和无线政务专网等运行部门,建立房山区信息通信应急保障队伍。

区信息办(信息中心)牵头,各相关单位参与,整合完善应急指挥通信网络系统。以房山区有线政务专网和无线政务专网为核心,整合社保网等其他社会公共网络资源,与市级网络对接,形成覆盖区、乡镇(街道)、村(社区)的三级网络传输体系,建立跨部门、多路由、有线和无线相结合的稳定可靠的应急通信系统。在通信干线中断或现有网络出现盲区时,由区电信局协调市通信管理局或区相关企业,保障事件现场与区应急办及相关专项应急指挥部之间的联系。区信息办(信息中心)配合房山公安分局,以房山公安分局已经建成的图像监控系统为主体,整合其他图像监控资源,建立图像监控网络。

第三,现场救援和工程抢险装备保障。各专项指挥部根据自身应急救援业务需求,采取平战结合的原则,配备现场救援和工程抢险装备与器材,建立相应的维护、保养和调用等制度,保障各种相关灾害事件的抢险和救援。

大型现场救援和工程抢险装备,由区应急办与相关企业签订应急保障服务协议,采取政府资助、合同、委托等方式,每年由政府提供一定的设备维护、保养补助费用,紧急情况下区应急办可代表区委、区政府直接调用。按照统一格式标准建立救援和抢险装备信息数据库并及时维护更新,保障应急指挥调度的准确和高效。

### 5.房山区综合减灾信息网站

在"房山信息网"网站上,开设房山区综合减灾信息网站,由区应急办牵头,各专项指挥部和相关部门参与,区信息办(信息中心)负责开发,及时发布房山区应对突发事件相关信息。宣传党和国家公共安全管理与应急工作的方针、政策、法律、法规和规章;发布预警信息,报道本区公共安全工作动态;提供其他相关信息等。开展面向农村和社区的远程应对突发事件教育信息服务。

## 第三节　农村应急设施建设与管理存在的不足

### 一　农村应急设施完备度较低

#### 1.农村基层组织应急管理体系单一

我国农村近些年所遭受到的灾害种类繁杂、损失严重。虽然在2006年我国就出台了一系列公共危机应急预案,并要求各省、市、县根据自身情况编制自己的应对方案,但是我国政府没有直接要求相关部门的农村基层组织应急管理工作做出指导,导致我国大部分农村基层组织只是简单地将上级的应急方案套用,或者根本就没有形成自己的一套应急预案,村级应急管理没有建立自己的应急指挥系统。由于我国农村社区尤其是更为边远的农村社区在灾难来临时,没有完善的预警机制,或者是基层组织中由于专业人员较少,对灾情的预警信息的认识不到位,以至于错过最佳的信息输出时间,所以在灾难来临时,由于政策的不足和应急管理体系的不完善,没有形成全面的应急管理体系,导致农村基层组织在抗灾工作中不能很好地发挥自己的作用,使得上级不能够及时地获得灾情信息,做出较好的救助判断,不能及时地进行救援工作,导致损失的加大。

#### 2.农村基层组织的防灾抗灾培训和演练机制的缺乏

由于我国农村社区居民的教育水平较低,防灾意识和自救能力比较弱,农村基层组织没有足够的意识去开展有关防灾抗灾的培训,无论是

村级组织工作人员还是村民都没有足够的灾难风险意识,农村基层组织的宣传教育工作不到位,没有及时普及防灾抗灾知识。没有利用学校向中小学生开展防灾培训和教育工作,也未能将防灾抗灾知识普及到每个家庭中去;所以当突发性灾难事件发生时,农村居民由于自救、互救知识的缺乏,在灾难中不能达到第一时间进行自救,从而导致悲剧的发生。农村基层组织应该利用电视、报纸、广播宣传栏等宣传普及防灾抗灾知识,并在固定时间开展系列讲座和进行大规模的演练。

### 3.农村基层组织的防灾减灾队伍与物资储备不足

由于基层政府对农村基层组织防灾抗灾工作的重视不够,我国村级组织的防灾抗灾救助队伍一直未能全面建立,我国政府也未能将防灾抗灾队伍在农村普及,抗灾防灾工作的资金少或者不能到位,致使我国农村在应对灾难性突发事件前未能准备充足的物资。灾难发生时由于没有自己的救援队伍,不能及时进行救助,使后果更为严重。物资的不足会造成当地人民的恐慌。地震、泥石流等自然灾害的发生多半会造成与外界的交通中断,使得物资不能及时送达,导致灾民们极度恐慌,容易造成人员情绪激动等现象,如果不及时控制,无疑会加大突发事件救助工作的难度。

### 4.农村社会组织救助体系不完善

在我国农村社区中,社会组织由于地区、资金等方面的限制,在农村社区建设不足,甚至在一些偏远山区根本没有设置。由于社会组织建设的缺乏,使得社会组织与农村社会、农民等未能协调成为一个统一的系统去对抗灾害。由于政府的资金不到位,致使农村有关防灾的基础设备不足,无法使社会组织有效地发挥其作用。

## 二 农村应急管理处置规范不统一

在应急管理当中,建立应急管理处置规范至关重要,有制度规范才能更好地进行工作安排、调度,高效完成任务。而且,基层领导干部担负着防范、阻止突发事件发生,保持一方平安、稳定,促进和谐发展的职责。基层领导干部在应急管理中发挥着精神激励、鼓舞士气、整合动员、统筹协调、组织引领等作用。但在现实中,往往出现应急处置不规范导致事态不抑反扬的情况。主要原因是:①基层干部缺少应急管理知识。县级及以下基层干部是应急管理的直接操作者,他们中大多没有专业的应急管理知识。加上突发事件的应急管理的主导权常由行政部门领导人掌握,缺少专家型的人才坐镇指挥。②当出现非常态的突发事件时,很难从专业视角去处理,往往是凭经验办事、凭胆量办事。另外,基层干部缺少对突发事件的认知。在应对突发事件过程中,基层干部不一定比普通农村居民有能力、去应对。由于对突发事件缺乏基本的认知,有的甚至在突发事件发生的时候,求助于神佛,归于逃避,而不是运用自身的科学知识加以解决和应对。即使是加以反应了,但又不能加以果断决策。③农村村委会、村支部的两委班子成员存在一时难以改善的素质、能力、意识方面的不足,要做好应急管理的组织、动员工作并不容易。平日对于突发事件的演练、模拟较为欠缺,基层政府疲于应付经济社会等常态化的考核与检查,而对于突发事件既缺乏了解,又无明确的实操手册来指导相应的建设。这就使现有的预案、制度大多停留于纸面上,而突发事件一旦发生,将处置的主动权上交给有关部门,基层力量变为配合与实施,这也导致了应急处置的现实可用规范一时难以建立起来。

应急管理部印发的《"十四五"应急管理标准化发展计划》提出,要加强"十四五"应急管理标准化体系建设,持续提升应急管理标准化水平。

健全优化应急管理标准体系,以建立"结构完整、层次清晰、分类科学、强标为主、强推互补"的应急管理标准体系为目标,统筹扩大强制性标准规模。坚持"不立不破""先立后破",强化标准的评估复审、精简整合。按照"急用先行"原则,依法依规研制发布强制性标准。强化推荐性标准的协调配套,支持科学成熟、适用性强的地方标准、团体标准向国家标准、行业标准转化,健全优化安全生产、消防救援、减灾救灾与综合性应急管理标准体系,统一应急设施标准规范。

### （三）农村应急设施调度使用流程不清晰

目前,各级政府普遍建立了如突发公共安全事故应急预案及现场处置预案,也设置了一套应急设施调度使用流程。但是由于当下农村社区的干部群众普遍安全意识薄弱,对应急管理工作的认识不足,严重阻滞了应急管理体系落实到农村社区。其中应急预案也存在诸多问题:如不符合《应急预案编制导则》和相关法律法规、标准的要求;预案要素不全;预案内容、处置程序和方案烦琐难懂;职责、分工不清;对应急设施调度的使用流程不清楚,不组织或不专心组织预案演练,走过场,搞形式,针对性不强,甚至纸上谈兵,达不到演练的目的,也不依据演练状况准时修改、完善应急预案,预案的实用性、可操作性不强。

### （四）农村应急管理资金不足

根据《国家总体应急预案》的规定,各级财政部门要按照现行事权、财权划分原则,分级负担公共安全工作以及预防与处置突发公共事件中需由政府负担的经费,并纳入本级财政年度预算中,健全应急资金拨付制度,支持地方应急管理工作,建立完善财政专项转移支付制度。现阶段农村社区的安全生产硬件设施建设不足,用于应急预警、演练的资金投入寥寥。财政投入不足使农村面临应急管理工作下沉的阻力,无法有充足的资金保障农村社区最基础的应急管理体系建设。在面对突发事件时,由于多数农村地区没有设立专项经费用于应急管理,资金调拨难度大,影响了应急工作的进行。而村一级的应急管理岗位与应急救援队伍的待遇普遍偏低,间接影响了开展应急管理工作的群众的积极性。

## 五 农村应急管理人才队伍建设缺失

现今我国经济社会飞速发展,农村社会的发展面貌已然翻天覆地。中国城乡社会的快速变迁,导致农村社会结构、居住形态、组织管理、就业保障、生活方式等诸多方面都发生了改变,农村人口流失仍是制约未来乡村治理现代化的最核心问题。由于农村缺乏自主发展权,农民很少有机会进入第二产业和第三产业,比如金融、保险、物流等收益较高的行业,当资本大量流入城市形成城市资本密集区的时候,当然就会带动劳动力资源相对较丰富的农村劳动力外流。人是社会文化的载体,农村的主要劳动力一旦流失,剩下的可能就是老弱病残幼,这种情况下就不足以形成完整的社会结构。多数农村青壮年选择外出务工,在城市为下一代寻求更优渥的生活环境与教育环境,其自身的工作才能很难反哺给农村地区。从应急管理工作的角度看,大量的劳动力流失,意味着众多专业应急管理人才资源的流失,这就使得农村社区很难形成一定规模的应急救援队伍。单靠农村群众自发形成的应急管理团队,就会存在多种隐患,在应急抢险工作需争分夺秒的时候,单是召集救援小组就会浪费大量宝贵的救援时间,贻误救援工作的开展。而失去了专业应急管理人才的引进,农村社区难以加强应急救援评估和统计分析工作,在面临一些严重突发情况时,充当临时指挥的村干部往往由于工作流程不熟悉导致处置应急不力。

## ▶ 第四节　本章小结

公共应急设施服务网络是政府为提高应急救援水平,降低自然灾害等非常规突发事件对灾区民众造成的人员和财产损失而建设的一类公益性基础设施。因此,从应对自然灾害等非常规突发事件的过程的角度分析,公共应急设施服务网络的功能要素包括公共应急设施的网络布局,应急物资、医疗等应急资源的紧急供应等环节。目前,我国已建设了较为完善的区域和城市公共应急设施网络,主要依托中央和地方两级公共应急体系。在依托载体上主要分为两个部分:一是民政部门、地震局等相关部门在各地建设的应急物资储备库、地震避难场所等专业性较强的公共应急设施;二是对各地政府兴建的公园、学校、民防工程等已有城市基础设施进行功能拓展。相较城市较为完善的公共应急设施服务网络而言,经济发展较弱的乡镇公共应急设施服务网络的布局较为落后。因此,完善乡镇公共应急设施服务网络的空间布局和设施数量,对提高乡镇地区应对自然灾害等非常规突发事件的能力具有重要的战略意义。当自然灾害等非常规突发事件发生后,国家和各级政府应根据灾害的级别和影响程度,迅速启动相应的应急预案,并通过公共应急设施服务网络将医疗、生活物资等各类应急救援力量迅速地投送到受灾地区。事实上,自然灾害等非常规突发事件发生后,需要紧急投送相关的应急储备资源或进行相关物资的加工生产。但是,乡镇的地形较为复杂,且交通状况相对较差,导致自然灾害等非常规突发事件发生后,往往会对道路、桥梁和通信设备等基础设施造成巨大的破坏,从而造成各类应急救援力量从援助地区投送到受灾地区成为一项极其复杂的系统工程。

因此,提升乡镇地区公共应急设施的完备度和管理调度水平,对提升乡镇地区整体应急水平具有重要的现实意义。

## 第一节 提升农村基础设施建设与管理水平的对策建议

### 一 生产生活基础设施建设对策建议

#### 1.加大财政投入

财政是农村基础设施建设的根基,充足的资金保障是农村基础设施能够正常运行的必要条件。政府和国家对于基础设施的政策导向需要通过政府和国家的财政投入进行体现。若基层财政投入不足,则农村的基础设施建设的资金断源,就使得农村基础设施在根本上无法进行,在很大程度上会影响基础设施建设的质量,甚至出现完工的基础设施无法投入使用的情况。当基层的财政投入不足时,国家可以通过财政转移对基层进行一定的支持,当然也要设置一个严格的监督体系,确保国家的财政投入都能够运用在乡村振兴战略上。此外,政府也可以通过报纸、传媒、电视等手段,将社会上的公益发展方向引进农村的基础设施建设中。通过对基础设施增加投资的方法从根本上解决发展不平衡的问题。只有县、村政府的资金充裕,才能够有充足的资金支持,让农村基础设施的区域资源配置结构合理化,从而缩小城乡发展差距,满足农民日益增长的对基础设施建设服务的需求。

### 2.促进区域的平衡发展

农村的基础设施建设是缩小经济发展不平衡的核心,农村基础设施的平衡发展也是中国区域平衡发展的体现。我国农村基础设施的不平衡发展主要聚集在城乡和中西部,一方面,中央可以通过促进东部同中西部的交流与沟通,从而形成东部一市带动中西部多村发展的局势,让较落后的区域学习东部地区农村基础设施建设的投入布局与相关管理方法,确保区域都能够得到充分发展,落实农村基础设施建设在欠发达地区的发展力度。另一方面,政府也可以通过设置合理的税收政策,将社会上的更多资源应用到基础设施发展不平衡的区域,让基础设施建设与供给侧更好地配合,填补西部农村基础设施建设的发展差距,深化农村基础设施建设在促进区域发展中的作用,使得全国各地的发展齐头并进,为我国农村农业经济能够健康发展提供更强大的内在动力。

### 3.重视长期的投入效益

基础设施的长期效益是乡村振兴得到良性循环发展的必备条件。在对基础设施的建设中,不应该一味追求快的建设速度,而应该重视高效的建设质量。不能为了完成建设的"任务"而造成农村基础设施的豆腐渣工程,使得后来的设施不断地损坏与反复修缮,从而降低了资金和设施的使用效率,这不仅破坏了基础设施建设,过程中也导致村民生活质量下降。对此,首先,农民可以自主开展质量监督活动,从农民自身利益出发,自觉监督建设流程,同时政府也要设置完善的上报流程,共同重视长期效益,保证设施能够按时按质按量完成建设,使得村民能够因为基础设施的建设而长期受益。其次,可以通过建立健全以效益为标准的管理机制,将科学发展观强化到基础设施建设的过程中,重点抓好决策、执行的环节。重视长期效益也能够保障政府资金的投入效益得到大大

---

提高,从而促进经济发展,并形成优良的循环发展过程。最后,政府要切实树立权力观,通过加强思想观念,让各级政府意识到管理者是广大农村人民和农村建设的公仆,让管理者手中的权力成为为农民做实事的工具。

### 4.提高建设人才质量

高质量的人才队伍是我国农村发展的切实需求,是我国构建现代化基础、实现第二个百年奋斗目标的必要保障。只有深刻认识到人才建设的重要性,才能够为农村的经济发展夯实根基。因此在农村生产基础设施方面,可以通过农业高校与农村农民之间的密切合作,由农业高校对农民进行技术上的指导,改正农民在种植方面的误区,提高农业生产的质量。政府也可以派遣专家指导农民进行现代化农机的使用,使农民对现代化机械的熟练程度得到长足的进步,从而提高农民和农业的现代化水平。国家可以通过提高农村生活基础设施人员的报酬水平,建立良好的引进人才、留住人才的机制,为农村现代化发展注入更多的新鲜血液,让高质量人才扎根于农村,为农村的发展添砖加瓦。

## (二) 文化基础设施建设的对策建议

### 1.农村文化基础设施建设需从重建设转向重服务

扩大公共文化供给,转变公共文化基础设施建设供给思路。农村文化基础设施建设仅仅依靠政府财政投入是远远不够的,文化基础设施建设需要政府、社会、农村三方投资,共同推进,持续通过引入社会资本、壮大农村集体经济、政府财政补贴和政策支持等方式,以政府财政支农专项拨款撬动社会资本投入农村,带动农村产业发展,引导集体经济收益重新投入公共文化,重点提升农村"内部造血"能力,扩大乡村文化公共产品供给,以解决供给覆盖不足、供给数量短缺的问题。政府对公共文化基础设施前期投入主要集中于供给数量、覆盖率,未考虑到管理和维护的问题。政府要转变公共文化供给思路,从"重建设、轻管护"转向"精准建设、强化服务",在文化基础设施建设覆盖率提升的同时,建设的质量也不断提高,针对后续管理和维护问题合理分配,由谁管理、怎么管理都要制定详细的计划,强化责任意识,不仅做到提供乡村公共文化基础设施,还要做好教学、管理、维护等服务工作,公共文化供给的数量和质量要两手同时抓。做好需求调研和供给方式创新工作,群众参与度不高的重要原因就在于供给方式出现了偏差,群众对公共文化产品、活动不感兴趣,降低了开展乡村文化建设的预期成效。乡村文化振兴建设过程中必须做好农民对文化的需求调研,根据调研结果创新供给方式,提高群众参与度与满意度。

### 2.激发优秀传统文化内生动力

坚定文化自信,加大乡村文化的宣传力度,以传统优秀文化引导农村居民开展娱乐活动。文化自信是四个自信的根本,是乡村文化振兴建设的必要条件。只有建立文化自信,才能从根本上激发优秀传统文化的活力与生命力。大力弘扬传统文化中的精华部分,以优秀文化引导人,既要对内宣传,也要对外宣传。传统的宣传方式已经不适应现代要求,依托互联网,以电视、广播、微信群、公众号等相关媒体拓宽宣传渠道,以各地农村优秀文化作为宣传点吸引外界对于当地的关注,传播核心价值观。同时加大宣传投入力度,增强传统文化技艺的吸引力,传播群众喜闻乐见、通俗易懂、贴近百姓的优秀传统文化。创新传统文化输出形式,如传统曲艺很少被年轻人熟知,传承困难,因此创新输出方式是当下急需解决的问题,可以数字媒体为载体,以网络直播等方式吸引青年人学习,以适应时代要求。

### 3.壮大文化基础设施建设的人才队伍

人才是国家发展的最核心要素,在国家发展中起到整合资源、创新价值、创造财富的作用,任何行业、任何领域都需要人才支持,农村文化基础设施建设也不例外。要加强文艺人才队伍的建设,通过加大宣传、提供奖励、进行培训等方式,提升对文化建设和管理方面人才的吸引力。文化基础设施逐渐改变传统的供给方式,年龄结构偏大的村民无法承担起管护重任,基础设施建设供给方式应紧跟时代潮流。在"互联网+基础设施"的时代,网络的建设与维护、系统修复、发布公告、提供线上咨询服务、设备的清扫和维修都需要专业化人才,农村文化基础设施建设和管护急需大量有能力、有知识、有经验的高素质管理人员,政府与高校联合提供就业岗位,以人才激励政策吸引高素质人才回流到农村,完善农村人才队伍建设。以农村文化产业带动经济增长,提供就业岗位,吸引外部经营管理人才,增加农村优秀产业与经济发达地区文化产业学习和交流的机会,培养本地经营管理人才队伍。提升市场活力和增加就业机会,吸引各类人才回流,助力乡村振兴。通过农村文化产业发展,增加市场机会和就业机会,吸引投资主体、经营主体和各类技能人才返乡创业就业,实现以产业发展带动人才发展。

### 4.大力发展农村文化产业,促进基础设施完善

农村文化产业是在基础设施建设完善基础上发展起来的,同时产业的发展对于基础设施的建设又具有推进作用。政府对文化产业投入的大量资金,有很大的一部分投资到基础设施建设上,因此基础设施与文化产业是相互促进的。农村文化产业包含红色文化、传统文化、历史古迹和自然景观四类,当前,文化的合理有效利用对于农村的发展具有很强的推动作用。首先整合农村地区的文化资源,立足特色文化发展产业,针对资源的分散性,必须合理配置资源要素,尤其对于跨行政区域的

文化资源更要做到协同开发,避免重复投入、重复利用等现象。在整合资源过程中,不能局限于当地特色文化资源,要结合当地其他旅游资源的地理空间分布,打造特色产业片区,合理规划产业布局,实现区域内文化资源统一的串联展示。结合产业发展,提升当地村民对于特色文化资源的保护力度。群众自发性的保护措施和基层单位的保护力度是远远不够的,只有将文化资源以产业形式展现在群众眼前,并且体现出一定的产值实现能力,才能激发群众的文化保护自觉性和上级部门的关注度,特色文化产业发展越充分,文化资源的发掘与保护就越完善。将文化特色融入产品中,形成当地特色文化产业链,引导大众购买文化产品,推动农村经济发展,产业振兴。文化产业获取的收入进一步被投入到基础设施建设中,"政府投入+农村自筹"共同构建完善的基础设施建设与管护体系。

## 三 生产生活基础设施建设的对策建议

### 1. 加大财政投入的力度

第一,通过财政转移支付从而加强财政支农水平。通过纵向和横向的财政转移弥补财政实力较弱的农村的财政缺口,从而实现地区之间的基础设施和公共服务功能均等化。通过对基础设施增加投资的方法可以发展不平衡的问题,只有县、村政府资金充裕,才能够有充足的资金支持,让农村基础设施的区域资源配置结构合理化,从而缩小城乡发展差距,满足农民对基础设施服务日益增长的需求。

第二,整合支农投资渠道,增加政府投入。政府可以通过报纸、网络、电视等手段,将社会上的公益资金集中引进农村的基础设施建设中。对现有农村基础设施建设项目和资金进行整合,进行协调统筹安排。逐步完善支农的资金投入机制,扩大公共财政在农村的覆盖面,重

点保证农民急需的和长远发展的公共基础设施的建设。

第三,对财政支农的相关体系实施统一监督、协调管理的方法。在实施财政支农的同时,也要避免政府部门之间职责不清、多头管理、力量分散、重复建设的现象,不利于统一监督、管理和协调,不能形成合力。因此,要充分明确各分管部门的职能分工,防止项目重复投资或投资过于分散,让有限的资金发挥最大的效益。

### 2.促进区域的平衡发展

第一,推动东中西部良性互动,促进区域农村基础设施协调发展。促进东中西部的交流与沟通,从而形成东部一市带动西部多村发展的局势,让较落后的区域学习东部地区农村基础设施建设的投入布局与管理方法,确保区域都能够得到充足的发展,落实农村基础设施建设在欠发达地区的发展力度。

第二,实行合理的税收政策。政府可以通过设置合理的税收政策,将社会上的更多资源应用到基础设施发展不平衡的区域,让基础设施建设与供给侧更好地配合,填补西部以及农村基础设施建设的差距,深化农村基础设施建设在促进区域发展中的作用,使得全国各地的发展齐头并进,为我国农村农业经济能够健康发展提供更好的内在动力。

第三,推动基础设施要素布局调整。通过重大项目布局、重点产业的扶持,引导资源要素在空间上更加均衡地布局,集中更多资源在中西部有条件的地区培育发展新兴的经济区,进而通过“点、线、轴、面”的联动协同发展,实现区域更加平衡的发展。

### 3.重视长期的投入效益

第一,明确政府的管理维护责任。政府作为基础设施建设的主体,应该注重对基础设施建设的长期效益,承担并履行好对农村基础设施的管理维护工作责任。因此政府部门应该在公共基础设施的规划预算阶段就要考虑运营管护经费问题,将其纳入基础设施项目总投资范围内并明确管护经费费用以及来源。

第二,探索建立多形式的基础设施管理维护体制。对于国家以及集体投资的基础设施项目,应当由当地政府承担管护责任,安排管护费用的支出。而一些公益性基础设施项目的管护可以通过引进市场的方式,推行公私模式,提高资金使用效率的同时也使得基础设施得到良性循环的发展条件。对于小型公共基础设施项目,则可以通过承包、租赁、拍卖、转让等形式,明确管护责任。

第三,鼓励扶持农村农民进行自主监督。积极发挥农民群众在农村公共基础设施建设中的主体作用,农民可以自主开展质量监督活动,从农民自身利益出发,自觉监督建设流程,同时政府也要设置完善的上报流程,共同重视长期效益,保证设施能够按时按量完成建设任务,使得村民能够因为基础设施的建设长期受益。

**4.提高建设人才质量。利用以下方式**

第一,推动农村项目与高校的合作机制。通过农业高校与农村农民之间的密切合作,由农业高校对农民进行技术上的指导和更正,改正农民在种植方面的误区,提高农业生产的质量。通过农业高校与农村农民之间的密切合作,由农业高校对农民进行技术上的指导和更正,改正农民在种植方面的误区,提高农业生产的质量。

第二,建立专家下乡政策,鼓励吸引专家下乡帮扶。政府可以派遣专家指导农民进行现代化农机的使用,使农民对现代化机械的熟练程度得到长足的进步,从而提高农业的机械化水平和现代化水平。

第三,提高基础设施人才报酬水平。国家可以通过提高农村生活基础设施人员的报酬水平,从而不断完善农村基础设施的用人机制。高质量的人才队伍是我国农村发展的切实需求,是我国构建现代化基础、实

现第二个百年奋斗目标的必要保障。建立良好的引进人才、留住人才的机制,为现代化农村发展注入更多的新鲜血液,让高质量人才扎根于农村,使得高质量人才为农村的发展添砖加瓦。

## (四) 应急基础设施的对策建议

### 1.全面完善乡镇应急网络建设

落实各类应急设施的建设管理主体,并配套相应的建设管理资金,将所需经费纳入各级政府的财政预算,完成相关立法工作,从物质和法律上给予切实的保障。一方面,统筹乡镇地区各类公共设施的改造和提升工作,如对乡镇地区的学校操场、公园、广场等各类公共设施进行应急功能提升,达到提供基本应急服务能力;另一方面,完善乡镇地区各类企事业单位部分设施的改进各管理工作,如统筹协调管理企事业单位的仓库、车辆等设施工具,实现以政府应急设施网络为骨干,企事业单位相关设施为辅的应急网络体系,提高乡镇区域整体应急服务能力。

### 2.全面深化乡镇应急管理机制

要建立综合协同和联动会商机制。将镇街应急管理智慧平台加快融入基层治理四平台建设,实现基层应急管理建设与社区治理、网格化管理、公共服务相结合,强化基层应急管理站综合协调功能,构建"统一指挥、反应灵敏、协调有序、运转高效"的应急处置联动机制。做好纵横两个方向的协同与配合工作,细化突发事件处置各个环节,确保预案分工责任有效落实。健全联合会商机制,定期研判安全生产、消防安全、防灾减灾形势,加强资源共建共享共融。建立风险管控与隐患排查机制。基层应急管理站要进一步处理好救与防的关系,注重常态预防和非常态应对相结合的工作方式。结合村社网格化管理,组织动员社会力量,广泛发动群众,定期开展风险评估和隐患排查,严格隐患整改销号闭环管理,制定脆弱人群清单、绘制基层风险隐患地图,开展基层风险治理工作。建立监测预警与信息发布机制。加强基层预警感知网络建设,进一步拓展预警覆盖面,提升各类风险精密智控、精准治理水平。要抓紧研究制定科学、统一的风险隐患分级分类标准,全面掌握各类风险隐患情况,综合采取防范和处置措施。对重大风险隐患,要进行实时监控,确保早发现、早报告、早公开、早处置,并实施严格的预警信息通报和发布制度。

### 3.全面强化乡镇应急管理工作

加快打造智慧平台。要充分发挥应急管理智慧平台作用,主动运用大数据、物联网、人工智能等先进技术,打破各层级间数据壁垒,加快各类基础应急管理信息的互联互通、集成共享,大力推进基础感知设备建设、联网,加强企业(村居)智慧监管设施配备管理,着力构建区镇村(企)三级联动的智慧应急监管网络,切实提升灾害信息共享、预报预警、应急指挥和资源统筹调度能力。严格落实执法监管。要深化应急管理综合执法改革,加大执法资源整合,采取联合执法等方式,提升执法效能。要严厉打击安全生产违法犯罪行为,加大对风险隐患突出点的执法检查力度和对失信失责企业的曝光处罚力度。要大力推进"互联网+监管"模式,实现对生产经营单位安全风险管控和隐患排查治理工作实时监控,实时感知,有效监督,及时掌握辖区内安全生产状况。切实增强保障力度。要充分落实好基层应急管理工作人员的相应待遇,采取切实有效的激励奖励措施,激发一线工作人员的工作激情。建立健全安全生产权力和责任清单,确保容错免责机制有效实施,营造敢担当、善担当的良好氛围。强化督查考核力度,制定科学的评价指标体系,定期对各地、各部门的应急能力做出准确评估,督促基层应急管理建设工作真正落到实处、取得实效。

### 4.全面提高乡镇应急管理能力

要科学制定应急预案。要进一步完善应急预案,增强预案的科学性和可操作性,一方面要纵到底、多层次,区、镇、村和各部门的分预案要相互衔接、不断层,另一方面要横到边、全覆盖,对所有种类突发公共事件都要制定专项预案,确保全方位、不缺失。镇街要根据辖区风险点和薄弱点分类施策,村社一级的预案要简单明了,明确人员、职责和工作流程。加强专业队伍建设。坚持人才引进和人才培养相结合,围绕"职业应急"要求,以执法水平、业务技能和职业规范为重点,对基层应急管理工作人员开展轮训,加强岗前培训、日常业务培训,切实提升基层应急管理人员的监管执法水平和应急处置能力。组织开展"技能大比武"等活动,定期举行突发公共事件和应急救援跨部门、跨层级综合性演练,确保关键时刻拉得出、打得赢、靠得住。确保资源要素储备。结合各地灾害特征,进一步落实执法装备、救援器材保障和应急管理物资储备,并将其纳入智慧平台建档,实现及时调度。建立专家人才库,充分发挥专业人士在突发事件中的信息研判、决策咨询、事件评估等作用。在规划各类公共设施时,也要充分考虑应急工作的需要,建设必要的应急基础设施。

### 5.全面构建乡镇应急管理格局

大力培育社会力量。研究出台社会应急救援组织管理办法,充分发挥好"应急·救援"公益基金作用,扶持和培育社会应急力量的发展壮大(例如可以组建由辖区内民兵、保安员、基层警务人员、医务人员等构成的镇街、村社两级基层综合应急救援队伍,开展先期处置、自救互救、疏散转移、医疗急救等应急救援工作;或者由人大代表、社区楼长、学校、企事业代表等建立社区应急志愿者队伍,充分发挥社区居民专业特长,指导开展风险隐患排查治理、科普宣传教育、治安巡逻、脆弱群体帮扶等工作)。同时加强业务指导培训,组织与"国家队"共同演练、联动备勤、协同作战,有效发挥专职队和社会力量就近救援、救早救小、应急及时的作用,加快构建专业队伍和地方社会力量互为补充的新型应急救援体系。深入开展宣传教育。加强全社会防灾减灾宣传教育,推动应急宣传工作进工厂、进农村、进学校、进社区。有针对性地开展公共安全教育培训,特别是对企业应急管理培训工作,组织编写应急知识手册向基层组织单位群众发放,利用各种新闻媒体,介绍普及应急知识,宣传应急预案,提高社会公众防灾避险意识和自救互救能力。

## ▶ 第二节　乡村振兴背景下的农村基建展望

### 一 高标准农田建设

粮仓富,天下安。粮食在农业活动中的地位不言而喻,我们自古以来便有"民以食为天"的俗语,它直接关系到农民的身体健康乃至一国的全面发展,起到的是夯实地基的根本作用。中央一号文件多次着重强调要做好粮食安全问题,要扎实推进"藏粮于地"、"藏粮于技"的战略部署,把高标准农田建设作为提高土地利用率和农业生产专业化程度的有效途径,稳住粮食产量,强化示范效应,为农业生产活动的有效展开和农业高质量发展打好坚实基础。

因此在未来的农村工作中,我们要坚持把高标准农田建设置于重要位置,加快推进乡村振兴发展战略。从资金、技术和产权三方面入手,根据各地实际情况,找到症结所在,对症下药。首先是资金方面。政府要发挥关键作用,明确高标准农田建设工作的重要性,提振社会资本的投入信心,允许社会资本的参与,进而撬动社会资本带来的杠杆作用。其

次是技术方面。通过完备的农村基础设施打通水、路、田三线,为农民的生产生活创造优异条件,以此凝聚村民生产活力和积极性,进而达到增收致富的目的。最后是产权方面。只有明确产权主体关系,才能明确责任制度,实现规范化的管护。村集体也可以与外来企业构建利益联结机制进行合作或是购买服务,巩固高标准农田建设成果。总而言之,在推进高标准农田建设行动中,我们要认真结合工作要求,提前规划好建设目标和要求,不断夯实粮食安全,把农田变良田,保证优质耕地的农业生产,以此保障粮食安全,让农民和乡村都从中受益。

## 二 农村建设行动

农业乃国之根本,农村则承担着推进农业发展的核心角色。建设好乡村,是一切乡村工作的首要起点,对推动中国经济现代化的飞跃起着至关重要的作用。由中共中央办公厅、国务院办公厅印发的《乡村建设行动实施方案》明确指出了农村建设活动在社会主义现代化建设中的重要位置。基于乡村建设这一重要地位,党的十九届五中全会提出要实施农村建设行动,就乡村建设提出重大战略部署,要把社会主义新农村向更加美丽宜居方向建设。建设美丽乡村,打造生态宜居的生活环境,不仅是乡村建设工作的战略任务,更是乡村振兴战略的重要任务之一。围绕这一重战略目标,我们首先要做的就是大力推进农村建设行动,保障农民的生产生活条件,把基础设施工作重心放在农村。

要贯彻落实农村建设行动,重点在于后期的管理与维护。这离不开政府、村集体和企业等多个利益主体的共同努力,扩展融资途径以获取资金。首先是管理。一方面要提高乡村组织化程度。乡村建设是为农民而做,目的在于了解农民的生活发展需求,保障农民的物质利益。而中国乡村大多地处偏僻,农民获取信息渠道有限,在市场交易过程中往往会出现收入低于产品实际价值的情况。政府通过加大对村集体的建设投入力度,赋予农民当家作主的权利,使农民真正投入到乡村建设行动中来,充分发挥农民的主体地位不动摇,实现村民自治,明确集体生产意愿,以更有效地对在农村建设行动中完备起来的基础设施进行自我管理。另一方面要注重人才建设。如果管理人员能力不足,工作中就会存在偏差和错误。因此要同时加强对乡村本土人才的培养以及对外来人才的引进,留住管理人才以科学有效的管理方法做出合理规划,为农村建设行动提供有力的人才支撑。其次是对农村建设行动中做好的基础设施和项目进行维护。由政府作为担保充当村集体与外来企业的中介,引进外来资本,实现资源下沉,联系当地乡村特色进行三产结合,对农村建设行动的成果进行维护和管控。发展农村,绝不是要把农村改造为城市,而是通过农村建设行动保留传统乡村特色,打造独特的乡风乡貌。

## 三 农村基础设施建设与乡村振兴的互动

中国特色社会主义进入新时代以来,稳稳踏上了历史新征程。新形势之下,基于乡村振兴战略背景进行农村基础设施建设,是我们对乡村建设工作作出的新的目标和任务。现阶段,人民的温饱问题已经得到解决,更重要的在于如何开拓农村的经济市场,深入挖掘农村的发展潜力,实现农业强、农村美、农民富的发展要求。

新时代背景下,面对此种情况,我们不应有畏难情绪,而更应报以坚定信念与决心推进乡村振兴战略,以乡村基础设施建设为线,串联起农业、农村和农民,全面落实乡村建设工作。乡村振兴战略,具体分为产业振兴、人才振兴、文化振兴、组织振兴和生态振兴。围绕这五方面,本文结合前文就农村基础设施建设提出以下五点展望。第一,以完善的基础设施为地基,带动发展二三产业。加强数字乡村建设,畅通网络,补齐与

城市的信息差,实现网络全覆盖,让农民也搭上"5G"的信息快车。第二,为农村居民提供更多更好更稳定的就业机会,同时以更高的技术条件保障农民的身体健康安全。完善水利设施和排水系统,让农村居民喝上净水;加大农村落后医疗设施资金投入,使农民的身体健康有所保障。第三,通过文化基础设施打造和谐的美好乡村氛围,丰富农村居民的精神文化生活。通过打造文化广场、农村书屋等设施,以此提高农民的文化素质,满足文化需要。第四,提高乡村组织化程度,实现村民自治。通过先进技术在农业生产中的广泛应用,把农村建设向规模化和集约化推进。第五,以更加完善的基础设施系统巩固绿水青山,为全体农民带来金山银山。通过保障电力系统的稳定,引进风力发电等技术,实现生活环境的健康环保。

千年夙愿今梦圆,"三农"问题一直以来都是关乎国计民生的根本问题,在党的二十大的春风中,只要我们继续以"敢教日月换新天"的决心与毅力奋力前行,定能不负众望,无愧人民,共同谱写美好新农村的华丽篇章。